パーソナルトレーナー
比嘉一雄 著

そく
速トレ
「速い筋トレ」なら
最速でやせる！

JN221111

Ikeda
sports
library
008

池田書店

はじめに

「6（シックス）・パック」をご存じですか？

腹筋が6つに割れた、贅肉のない、引き締まったお腹を指す言葉ですね。

「あれはアスリートだからなれるもの」「もう若くないから……」

そう考え、自分には縁がないものと思い込んでいる方もいらっしゃるかもしれません。

しかし、腹筋はもともと、誰でも6つに割れているものなのです。脂肪が腹筋を覆ってしまっているから、割れて見えないだけ。逆に言えば、余分な脂肪を落とし、お腹の筋肉をつけてくっきりさせれば、誰でも6パックを手に入られるのです。

そう、「誰でも」です。年齢も関係ありません。

ただし――ある一定の年齢を過ぎると、筋肉量は年に1％ずつ減っていきます。その分かれ目はだいたい35歳と言われています。さらに、55歳から60歳ぐらいになると、その減少率は倍増します。つまり、年齢を重ねれば重ねるほど、6パックを取り戻すためにより多くの時間と努力が必要になるということ。トレーニングをはじめるのは、早いに越した事はないのです。

とは言え、この本を手にした方の多くはおそらく働き盛り。「忙しくて運動しているヒマがない」「残業や付き合いも多く、生活が不規則」という方も少なくないでしょう。

でも、今回紹介する「速トレ」は、「自宅で1回5分、週2回」で十分な効果を得られるトレーニング。1週間で10分です。器具も必要ありません。これなら、時間に追われている人でも「やってみよう」という気持ちになりませんか？

ただ、あらかじめ断っておきますが、その分キツイです。でも、「1回5分、週2回」のトレーニングを2ヵ月以上続ければ、憧れの「6パック」が手に入るのです。

実は、かく言う私もトレーニングは決して好きではありません。では、なぜ続けられるのかと言えば、「理想のカラダになりたい」から。もっと率直に言えば、「カッコいいと思われたい」からです。その気持ちが、最大のモチベーションとなっているのです。

さあ、あなたも「カッコいいカラダになった自分」をイメージして、今日から「速トレ」をはじめてみませんか？

比嘉一雄

たった2ヵ月
6人が体験!

週2回の速トレ効果
合計マイナス69・2kg!

6人のモニターたちが比嘉トレーナーの指導の下、約2ヵ月にわたって速トレ&食事コントロールにチャレンジ! そして、見事6人合計69.2kgの減量に成功した。実際にやった者でしかわからない、リアルな感想を紹介しよう!

−11.5kg 97.0kg ➡ **85.5kg**

こんなの無理って思っていましたが、**意外とできる**ようになるんですね。

柏原正成さん(36歳・男性/パソコン教室講師)

−8.6kg 85.0kg ➡ **76.4kg**

たった5分でどこまで効果があるのか**半信半疑でした**が、思っていたより**ラクにやせられましたね**。

下村康祠さん(54歳・男性/営業職)

−6.1kg 75.6kg ➡ **69.5kg**

目標をきちんと設定して、みんなに**公言すると成功**しやすいですね。**5年前に知りたかった……**。

村山耕太さん(41歳・男性/出版社勤務)

−16.0kg 94.6kg ➡ **78.6kg**

やればやるほどラクになります。
食べながらでもやせられるので、
人にやさしいプログラムですね。

高橋和義さん（35歳・男性／IT会社経営）

−14.5kg 95.0kg ➡ **80.5kg**

思っていたほど**きつくない**し、
ちゃんと**結果が出る**からうれしいです。
やせたいならまずは**やってみて**！

細谷錬太郎さん（37歳・男性／大手商社勤務）

−12.5kg 90.0kg ➡ **77.5kg**

本当に**たった５分の速トレ**で、
この本の横幅分ウエストが細く
なりますよ！

秋月俊一さん（40歳・男性／広告代理店勤務）

速効時短やせ

これが速トレだ!

【初速バージョンの場合】

1回1秒で素早くやる!

1回1秒という速いスピードで行うのが速トレの大きな特徴。通常のトレーニングより2～3倍のスピードだからこそ時短速効の恩恵がある!

1

2

1回たったの5分!

1回のトレーニングはわずか5分で終了。忙しくて時間がない人でも、空いた時間でいつでもできるし、ムリがないから継続しやすい!

短期間で確実かつ効率的にやせられる速トレ。時間がない人でも手軽に実践でき、その気になれば必ず結果が出せる。その効果を裏づける4つの特徴を紹介しよう!

3

週2回だけでも効果絶大!

速トレを実施するのは、なんと週2回だけ!　最も筋トレの効果が上がるという最新の研究データに基づいているから効果は絶大だ!

4

速筋刺激でカッコいいカラダに!

速トレは、速く動くことで速筋を刺激。確実かつ効率的なアプローチの方法で、短期間で理想のカラダを手に入れよう!

Contents

速（そく）トレ　「速い筋トレ」なら最速でやせる！

PROLOGUE

これが本当の真実！ やせるメカニズムを知っていますか？

速効最短！筋トレで理想のカラダを手に入れる

PART 2

速トレが効果を発揮する理由

PART 3

筋肉を増やす! 速トレ・プログラム

■スタンダード・プログラム

■COLUMN■

食べる技術で体脂肪を落とす

PART 5

2ヵ月の速トレ体験　データが効果を実証！

PROLOGUE

これが本当の真実！
やせるメカニズムを知っていますか？

なぜお腹が出てしまうのか？

「30代になってから20代の頃に比べて太りやすくなった」「最近、お腹が出てきた」そう感じている方は多いのではないでしょうか。だからこそ、この本を手にされたのだと思います。

年を取るにつれて太りやすくなる——それは決して気のせいではありません。統計的にも明らかにされている、れっきとした事実なのです。

では、なぜ年をとると太りやすくなってしまうのか。

まずは「太るメカニズム」を理解しておきましょう。太るメカニズムを知れば、おのずとその対処法、言い換えれば「やせるメカニズム」がわかるからです。

●カロリーの収支バランスを考える

太るメカニズムとは、簡単に言えば、日常生活や運動による「消費カロリー」を、飲食による「摂取カロリー」が上回ることです。

人の体は、食べ物や飲み物から栄養素やエネルギーを取り入れています。食事で摂取したカロリーを必要な分だけ消費し、余ったカロリーは「体脂肪」として体に蓄積されます。特に中年になると、内臓脂肪が溜まりやすくなるため、お腹が出てくるケースがよく見られます。

逆に言えば、食べたカロリーの分だけしっかり消費すれば、体脂肪が増えることはないのです。必要以上のカロリーを摂取するから太るのです。そして、摂取カロリーが消費カロリーを上回る状態が続けば続くほど、どんどん太ってしまうわけです。

その要因としては、運動不足や食べ過ぎ、お酒の飲み過ぎなどが考えられますが、これまでに減量を目指すいろいろな方にお会いしてきたなかで感じたのが、**食事のとり方に太る要因が見られるケースが多いということ。一つ目が揚げ物、次がデザート、そしてお酒。**みなさんこれらを「食べ過ぎている」のです。

たとえば、お酒を毎晩飲んでしまう人は週3回にする、デザートが好きな人はなるべく糖質が少ないものにするなど、日常生活や食事のとり方を見直せば、摂取カロリーも減らしていけるはずです。

●筋肉が減ると消費カロリーが減る

「自分は揚げ物もデザートも食べないし、お酒も飲まない。それなのに太ってしまったのはどうしてなんだ！」

なかにはそういう方もいらっしゃるかもしれません。

その理由は、**年をとるにつれて1日あたりの消費カロリーが減少してしまうことにあります。その主な原因となっているのが「基礎代謝」の低下。**基礎代謝とは生命維持のために、体が最低限必要とするエネルギーのこと。すなわち内臓を活動させる、体温を維持するなど、生きていくために必要とするエネルギーを指します。これらは何も活動をしていなくても消費され、実に消費カロリー全体の約6割を占めています。

極端な話、基礎代謝が高ければ、1日中寝ていてもある程度のカロリーは消費されるわけです。ところが、基礎代謝は30歳を過ぎるとどんどん低下していきます。この基礎代謝の低下こそが「若い頃に比べて太りやすくなった」原因なのです。

そして、**基礎代謝の低下に大きく起因しているのが筋肉量の減少。**筋肉は基礎代謝のおよそ3割を担っていますが、ある報告によると、特別な運動を行わない場合、筋肉量は年に約１％ずつは減っていくと言われています。このため、基礎代謝が低くなって消費カロリーが減り、余剰カロリーが脂肪として蓄積されてしまうのです。

さらに「最近太りやすくなってきた」と思われる人のほとんどは、「最近運動をしていない」ことにも思い当たるのではありませんか。忙しいとスポーツやレジャーを楽しむ機会も減ってきますし、デスクワークであれば日常生活で体を動かすことも少ないでしょう。

加齢 ＋ **運動不足** ⬇ **筋肉減少**

これが、基礎代謝が低下して消費カロリーが減っていく最も大きな要因です。

●今の体型はカロリー収支の結果に過ぎない

仕事が忙しくて家に帰ると何もする気が起きない、残業続きで食生活も不規則になりがち、取引先と会食をすることも多く外食ばかり、運動らしいことは何もしていない、晩酌のビールが欠かせない……。

あなたが太ってしまった原因は、こうした日々の過ごし方にもあります。

「摂取カロリーが消費カロリーをオーバーして、余剰エネルギーが脂肪になる」

この太るメカニズムがあなたの日常のなかに潜んでいるのです。

家で何もしない、運動もしないでいれば、消費されるカロリーが少ないので余剰エネルギーの増加を引き起こします。不規則な食生活や外食、毎晩の晩酌は摂取カロリーの過多につながるでしょう。

あなたの体型が若い頃に比べて崩れだしたのは、カロリー収支がプラスのままになっている結果なのです。

左の表に、カロリー収支がプラスになる要因を挙げました。日頃のあなたの生活習慣に思い当たる行動があったら、まずはそのライフスタイルを見直してみると、運動が必要なのか、食生活の改善が必要なのか、理想の体型への道筋が見えてくるはずです。

消費カロリーが減少する行動例

- すぐにタクシーを利用する
- 駅ではエレベーター、エスカレーターが当たり前
- 帰宅が遅いので食事をしてすぐに寝てしまう
- 休日は家でゴロゴロ過ごす
- 電車では常に座りたい　ほか

摂取カロリーが過多になる行動例

- 昼食は手軽なファーストフードが多い
- 揚げ物などが好き
- 食べる時間が不規則
- 飲酒はほぼ毎日
- ごはんは常に大盛り
- お菓子の間食が多い
- ビールが好き　ほか

筋肉と脂肪の割合で見た目は決まる！

やせ気味、小太り、がっちりした体つきなどなど、人の体型を表す表現はさまざまですね。どれも端から見たときの印象を言葉にしていますが、では、見た目とはどのように決まるのでしょうか？

見た目というのは言葉通り、目に見えるもので決まります。人の体型で言えば、それは、筋肉と脂肪です。「骨格がしっかりしている」などという場合もありますが、それも筋肉と脂肪の量によってわかること。

一般に「太っている」というのは筋肉が少なくて脂肪がたっぷりある人のことを指します。筋肉が多く、脂肪が少なければ「ガッチリした体つき」と言うでしょう。「ガリガリ」と言われる体型の人は、筋肉も脂肪も少ないものです。

このように、**筋肉と脂肪の量の多少とその割合で、人の見た目は決まってくるのです。**

左下の図は、筋肉と脂肪の割合で変わる体型を示したものです。あなたがなりたいのは、理想とするのはどの体型ですか？「なりたい体型」によって、どこを強化すればよいのかが決まってきます。

いま述べたように、なりたい体型によって体のつくり方は変わってくるわけですが、その目安となるのが、筋肉と脂肪の割合です。

まずは、現在の自分の体の筋肉と脂肪の割合を見極め、次に**なりたい体型に合わせて、脂肪を落とすことに重点を置くのか、筋肉を増やすことに重きを置くのか**を判断します。それによって、体型づくりの行動が決まってくるのです。

自分がなりたい体型は？

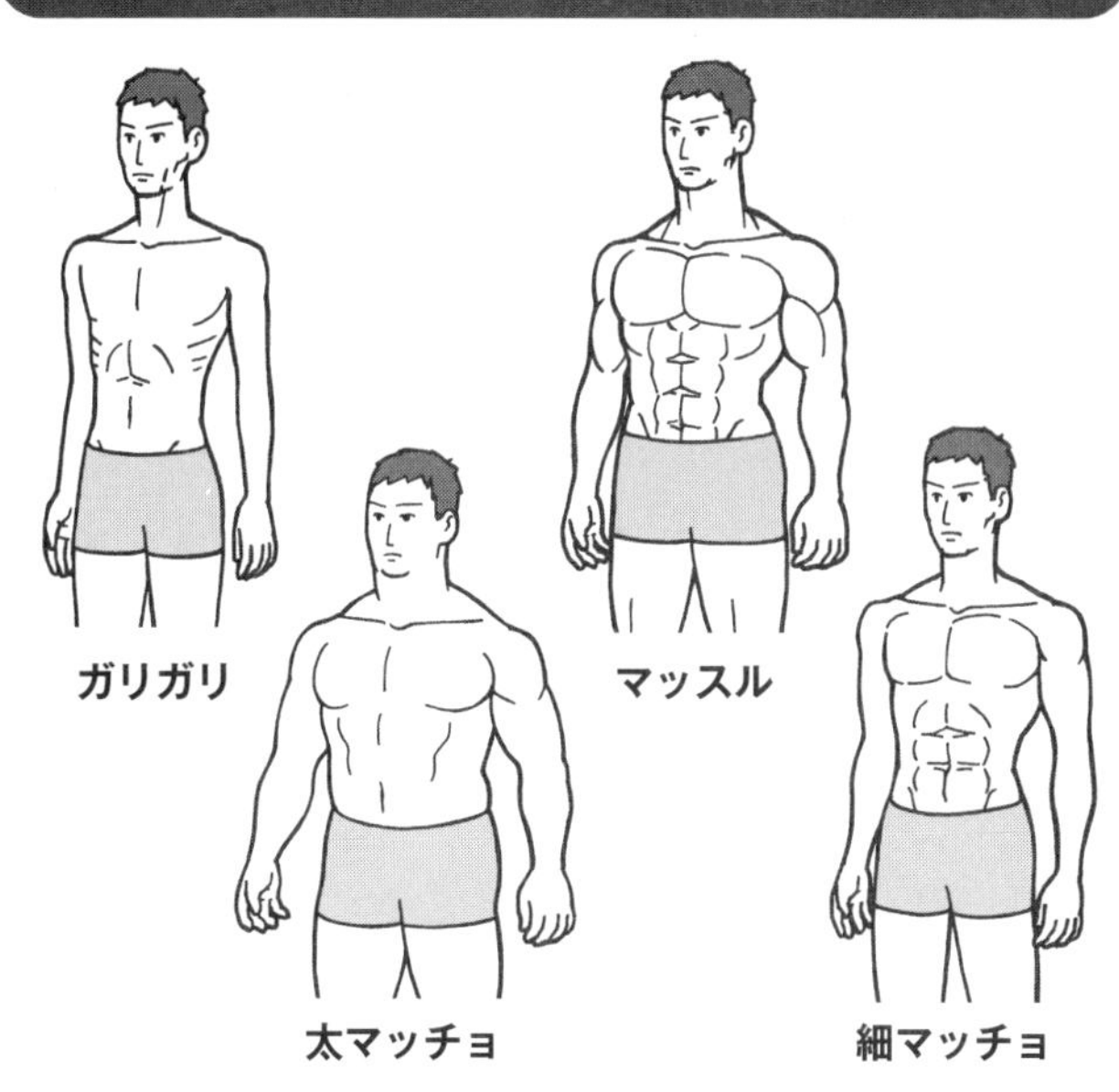
ガリガリ
マッスル
太マッチョ
細マッチョ

ダイエットではなく、ボディメイクという考え方

ここまで読んでこられてお気づきになった方もいるかと思いますが、私は「ダイエット」という言葉を使っていません。「理想のカラダづくり」「体型づくり」という表現をしてきました。なぜなら、ダイエットとはもともと「食生活」を指す言葉で、健康や美容のために食事を制限することなのですが、近年は単に「体重を減らすための行動」として捉えられていることが多いからです。

私が目指すのは、単に体重を落とすことではなく、自身が理想とする体型になることです。そのためには「運動」と「食事」の両方からのアプローチが必要だと考えています。

理想のカラダづくり、体型づくりという観点からも、この本ではダイエットではなく、「ボディメイク」という考え方を重視していきたいと思います。

「5kgやせたい」「10kg落としたい」という目安はそれぞれにあるでしょう。しかし、ボディメイクにおいてはそれだけでは不十分。ただやせればいいのではなく、そのうえでどんな体型を目指すのか。明確な「なりたいカラダ」を目標として思い描くことが必要です。

「全体的に細身で引き締まった体になりたい」「胸板を厚くしたい」など、思い描く体型によって、トレーニングで筋肉を増やすことが重要なのか、食事で脂肪を落とすことも必要なのか取り組み方が定まってくるからです。

なりたいカラダに向けて、自分で自分の体をつくり上げていく——それがボディメイクの考え方なのです。

下の図は、筋肉と体脂肪へのアプローチに関する指標をまとめた「ボディメイク・コンパス」というもの。これをベースに、自分のなりたい体型に応じて取り組み方を考えていきます。

ボディメイク・コンパス

	【筋肉量】	【体脂肪量】
増やす	➡ 週に2回、筋トレをする	➡ 消費カロリー＜摂取カロリー
維　持	➡ 2週に1回、筋トレをする	➡ 消費カロリー＝摂取カロリー
減らす	➡ 筋トレをしない、有酸素運動、糖質・タンパク質摂取を減らす	➡ 消費カロリー＞摂取カロリー

ボディメイクに有酸素運動はいらない

「えっ、脂肪を落とすのには有酸素運動が必要なんじゃないの?」

確かにその通りです。

有酸素運動と言えば、ウォーキング、ジョギング、エアロビクス、水泳、サイクリングなどがその代表格ですが、ボクサーが減量のために走り込みをするシーンに代表されるように、「有酸素運動→やせる」という図式は誰もがすぐにイメージすることでしょう。

確かに、運動で脂肪を減らすためには、脂肪を直接エネルギーとして消費させることができる有酸素運動が有効です。公園や河川沿いでのウォーキングやジョギングは気持ちよく、達成感とともにリフレッシュ効果も得られることでしょう。

ただし、**有酸素運動でカロリーを消費できるのは運動を行っている間だけ。筋肉を増やすことで、何もしなくてもカロリーが消費される基礎代謝が上がるのとは違い、有酸素運動によるカロリー消費は運動中のみ**という限定的なものなのです。

しかも、有酸素運動で摂取カロリーを消費するにはある程度の時間が必要。なぜなら、運動をはじめるとまず血液中の遊離脂肪酸が使われ、新たに脂肪細胞が分解されるのには20分程度の時間を要するからです。たとえば、体重60kgの男性が30分ジョギングをして消費できるカロリーは、およそ２４０kcal。かけた時間の割に効果が少なく、効率的とは言えません。

そのうえ、ジョギングの場合、足首やひざへの衝撃も強く、体への負担も軽くはありません。着地の際にかかとやひざにかかる負担は、ウォーキングで体重の約１・５倍。走っているときは、走り方によっては10倍もかかると言われています。

つまり、**多くの時間と労力をかけても、消費できるカロリーはわずか**であるうえ、ケガをする可能性も少なくない。有酸素運動は確かに脂肪を燃焼させ、リフレッシュ効果も期待できますが、ボディメイクという観点から見ると、決して効率的なトレーニングとは言えないのです。

忙しいなか、無理をして20分から30分のジョギングに時間を費やすのであれば、トレーニングで筋肉量を増やして基礎代謝を上げた方が、消費カロリーの観点からは効率的と言ってもいいのです。

リバウンドの真実

この本をお読みの方のなかには、これまでにダイエットに取り組んだ経験がある方もいらっしゃるでしょう。それなのに、今、この本を手に取っている……。その理由はやはり、リバウンドをしてしまったからではないですか？

これだけ世の中にさまざまなダイエット法が出回り、多くの人がチャレンジしているのは、それだけの人が自分の体型に関心を持っているからに違いありませんが、一方で、かなりの人がリバウンドしてしまっているという側面もあると思います。

いったい、なぜリバウンドしてしまうのでしょうか？

ひと言で言えば、食事制限だけに頼って、運動をしないからです。

糖質カットや脂質カット、特定の食材の摂取に重点を置く、あるいは置き換える○○ダイエットなど、これまでにも数多のダイエット法が流行してきました。なかには一定の効果を上げている人もいるでしょう。

しかし、食事制限だけに頼るダイエットは、実はリバウンドしやすい体をつくってしまうというリスクを負っているのです。

食事制限のみで運動をしないと、体重だけでなく筋肉量も落ちていきます。筋肉量が落ちると基礎代謝が低下し、当然消費カロリーも減るので、ダイエット以前よりも体重が増えやすくなるというわけです。**食事制限だけに頼るダイエットとは、「体重が増えやすい体をつくる」こと**と言っても過言ではないのです。

リバウンドしないためには、ずっとダイエットを続けるしかない。しかし、それでは体がもちません。食べたいものも食べずに我慢しなければならないのですから、精神的にもつらいでしょう。

「私は毎日ジョギングをしているから大丈夫」

そうおっしゃる方もいらっしゃるかもしれませんが、有酸素運動だけでは筋肉量は増えないので、消費カロリーを上げることはできません。体重を維持するという点では有効でしょうが、現在より体脂肪を落としたいという人には、おすすめできないのが現実です。

ぜひ、トレーニングをしてリバウンドしないカラダづくりを目指しましょう。

脂肪を落とすのは食べる技術、筋肉をつくるのは筋トレ

人の見た目は筋肉と脂肪の割合で決まるということは先述した通りです。

もっと具体的に言いますと、体のラインをデザインするのが筋肉で、脂肪はそのラインを崩そうとするもの。脂肪が増えるほどゆるんだラインになります。理想の体型へとボディメイクするということは、脂肪を落として筋肉をつくる行為を指すわけです。

ここでは、効率的にボディメイクするための考え方をお話しします。

●食事は減らすことより、何を食べるかが重要

ここで言う「脂肪」とは中性脂肪のことで、一般に「贅肉」と言われるものです。食事からとったエネルギーが消費されずに余ると、脂肪として蓄積されていきます。この、一度蓄積した脂肪を消費するのが、実はなかなかやっかいなことなのです。

脂肪が消費される過程は次のようになります。

分解

⬇

運搬

⬇

燃焼

脂肪は、各組織で筋肉細胞内に取り込まれたのちにエネルギーとして消費され、ようやく減っていきます。脂肪細胞は1gで7・2㎉のエネルギーを持っています。脂肪1gを減らすためには7・2㎉のエネルギーを脂肪から消費しなければなりません。

いくら一生懸命、有酸素運動やトレーニングをして消費カロリーを増やしても、摂取カロリーが上回っている限り、脂肪は蓄積していく一方です。

と言って、単に食べる量を減らせばいいというものでもありません。これも先ほど述べたように、食事制限の仕方によっては筋肉も落ちてしまうからです。

脂肪を落とすために摂取カロリーを減らすことは必須です。ただし、**それは食べる量だけではなく、何を食べるかという「食べる技術」である**ことを覚えておいてください。

食べる技術の詳細については131ページからお話しします。

●筋肉づくり

基礎代謝を上げて消費カロリーを増加させる――。筋肉を増やすメリットはそこにあるというお話を前にしました。そしてもう一つ、**体のラインを自分でつくることができるという点も、筋肉を増やす大きなメリット**です。

筋肉はトレーニングをすればしただけ太くなり、そして元の状態に戻りにくい器官です。太くしたいところだけを限定的にトレーニングして強化することも可能なので、自分で自分の体をデザインできるというわけです。

たとえば、胸や肩の筋肉を動かして大きくすれば、逆三角形のボディラインとなり、よりたくましい印象を与えられるでしょう。首を鍛えて太くすれば、相対的に顔が小さく見えて、プロポーションの整った体型に見えます。ボディメイクという観点からは、理想のボディラインに向けて、トレーニングによって筋肉をつくるのが理想的です。

最も効率よく理想の体を手に入れる方法が「速（そく）トレ」！

前項で、体をデザインするための筋肉をつくるには筋肉トレーニングが必要だというお話をしました。

それでは、どのような方法が最も効果的なのでしょうか。

筋肉をつくるトレーニングとして一般的なのがウェイトトレーニングですね。スポーツジムなどにあるマシンを使って負荷をかけながら、強化したい部位の運動を繰り返すというもの。負荷のかけ方や運動するスピードによって、トレーニングのやり方にもさまざまな手法があります。

また、近年よく耳にする「スロートレーニング」。これは軽めの負荷でゆっくり運動するというもの。ゆっくりとした動きで筋肉の張力を維持することで筋肉内の血流を制限し、筋肉への酸素供給を止めて、筋肉環境を悪化させたなかでの代謝産物により、筋肉が成長するよう刺激を与えるという方法です。

「加圧トレーニング」も、化学的刺激で筋肉を成長させるトレーニングと言えます。

トレーニングによって働きかければ、必ずその部位の筋肉は反応するので、どんなトレーニングでもやっただけの効果はあると言えます。

ただし、なかにはかけた時間と費用に対して得られる成果が見合わないものもあると言わざるを得ません。「忙しくて時間をかけられない」「毎日、定期的に運動を続けるのはムリ」あるいは「できれば運動はしたくない」という方にとっては、トレーニングにかける時間は少しでも短くしたいところでしょう。もしかしたら、時間的な負担、制約が大きくて挫折した経験のある方もいらっしゃるかもしれません。

そんなあなたにピッタリのトレーニングが「速トレ」なのです。**速トレとは筋肉を速く動かすもの。1日5分、週2回のトレーニングでボディメイクを可能にします。**

正直言って、ラクではありません。特に、最初はキツイです。しかし、たったそれだけのトレーニングで、失われた6パックを誰でも取り戻せるのです。試さない手はないでしょう。

PART
1

速効最短！筋トレで理想のカラダを手に入れる

01 やせられない人の言い訳「時間がない」

「運動する時間がない」――。

やせたいけれどやせられないという人が、もっとも多く口にする理由がこれです。私のところに来るクライアントの方が、最初によく言うセリフです。

ストレッチを10分、筋肉トレーニングを各部位行って30〜40分、エアロバイクを20〜30分。トレーニングのあとにシャワーを浴びて終了。これが一般的なフィットネスジムでのタイムスケジュールのイメージだと思います。トータルでおよそ1時間から1時間半くらい。会社帰り、あるいは休日に行くとしても、さらに往復に費やす時間も考えれば、忙しい人がこれだけの時間をつくるのは確かにむずかしいでしょう。

でも、そんなあなたでも、5分なら時間をとれるはずです。

たとえば、自宅に帰ってからの時間をあなたはどのように過ごしていますか？　なんとなくテレビをつけてニュースを見たり、メールを確認したり、ボーッとしたり……あっという間に30分くらい過ぎていることはよくあるのではないですか？

そのなかの5分をトレーニングにあてればいいのです。それだけでもボディメイクには十分なのです。もし、本当に時間がないというのであれば、目覚ましの時間を5分だけ早めてください。

前章でお話ししたように、**筋肉を速く動かす「速トレ」の1回に費やす時間は5分。それも週2回です。**それだけのトレーニングでボディラインを変える効果が得られます。ムリに早起きをしてジョギングをしたり、せっかくの休日の半日をジムで過ごしたりしなくても、「速トレ」なら1日5分、週に2回でいいのです。

さあ、これでもう、「時間がない」とは言えませんね。

繰り返しますが、ハッキリ言ってキツイです。でも、それはわずか5分のこと。しかも週2回。テレビを見ながらでも、音楽を聴きながらでもいいのです。

その理論を次に確認していきましょう。

02 筋肉が増えるとなぜ消費エネルギーが増える？

消費カロリーには、「基礎代謝」「運動代謝」「食事誘発性熱産生」の三つがあります。

基礎代謝は前章でも説明しましたが、生命を維持するために必要なエネルギーのこと。呼吸をする、体温を維持するなど体の各機能を働かせるために不可欠で、何も活動をしていなくても消費されています。この基礎代謝は実に消費カロリーの約6割を占めています。

運動代謝は日常生活も含めた身体活動によって消費されるカロリー。ジョギングやランニングによって消費されるエネルギーはもちろんのこと、仕事や通勤、家事などの活動によって消費されるエネルギーも合わせて、運動代謝と言います。個人の活動状況によって変わりますが、消費エネルギー全体の3割ほどを占めます。

食事誘発性熱産生はその名の通り、食事をすることで消化器官が分解して取り込むために働き、代謝が上がることを言います。消費エネルギーとしては全体の約1割ほどです。

この三つのうち、食事誘発性熱産生は食後の数時間のみ、運動代謝は活動をしている間しかカロリーを消費しません。

これに対して、基礎代謝は何も活動をしていなくても消費されるカロリー。とすれば、消費カロリーを上げるには、基礎代謝の上昇が最も効率的と言えます。

では、どうすれば基礎代謝を上昇させられるのでしょうか。

筋肉を増せばいいのです。

各器官が消費するエネルギーである基礎代謝のなかで、筋肉は3割を消費しています。他の器官は自らの意志で増やすことはできませんが、**基礎代謝を担う器官のなかで筋肉だけは運動をするなど、自らの行動により増やすことができます。**トレーニングによって筋肉が増えれば、その分基礎代謝も上がり、何もしなくても消費されるエネルギー量が増えるというわけです。

前章で体のラインをつくるのが筋肉の役割だとお話ししましたが、筋肉には消費エネルギーを上げるという大きな働きもあることがこれでおわかりいただけたと思います。

「この腹筋が基礎代謝を上げる！」。

そう理解できれば、よりトレーニングへのモチベーションも上がることでしょう。

03 筋肉はどうすれば増える？

ここでは、どのようにして筋肉を増やしていくのかを見ていきましょう。

まずは筋肉の根本的な仕組みについてお話しします。少し、専門的な話になりますが、筋肉がつくられるシステムを理解することでトレーニングの意識も高められると思います。

●筋肉は細いゴムの束のようなもの

みなさんは筋肉の構造をご存じですか？ 図解などをご覧になったことのある方もいることでしょう。筋肉は、細い線維が束になってできています。

0・1㎜ほどの「筋線維(きんせんい)」という細長い細胞が束になったものを「筋束(きんそく)」といい、この筋束がさらに束になったものが「筋肉」です。

筋肉を増やすためには、筋線維の本数を増やすか筋線維を太くすればよいのですが、しかし、筋線維を増やすことは困難です。ですから、筋肉を増やすには、筋線維自体を太くしなければなりません。

ちなみに、筋線維はさらに「筋原線維」という線維の束になっています。この筋原線維のそれぞれに「運動神経」がつながっていて、脳からの指令によって、筋肉を収縮させるのです。

●タンパク合成バランス

筋肉をつくる栄養素はタンパク質であることはみなさんご存じですね。タンパク質が「合成」されることによって筋肉がつくられ、筋肉内のタンパク質が「分解」されれば筋肉は減っていきます。

体内では常にタンパク質の合成と分解が同時に起きています。寝ている間も起きているときも、そしてじっとしていても、タンパク質の合成と分解は行われているのです。

このタンパク質の合成と分解の差を表して「タンパク合成バランス」と呼びます。筋肉内での**タンパク合成バランスが「＋」であれば筋肉は増え、「－」であれば筋肉量は減ることとなります。**

●運動と食事でタンパク合成

タンパク合成は「運動」と「食事」からの刺激によってプラスに動きます。

運動による刺激には、2種類あります。一つは**「機械的刺激」**。重いものを持ち上げるなどの運動で筋肉に直接的な負荷がかかることにより筋線維が損傷され、その修復過程でタンパク合成が促されるのです。

もう一つは**「化学的刺激」**と言って、筋肉運動を行う代謝や代謝によって出された代謝産物によって間接的に筋肉への刺激が引き起こされるものです。

一方、食事による刺激は、主に**タンパク質の摂取**によります。また、糖質摂取によるインスリンの上昇も刺激となりますが、インスリンの上昇で刺激となるのは40歳くらいまで。30代を過ぎると筋肉が落ちていくのは、タンパク合成への刺激が減ることも影響しています。

「なんだ、食事でタンパク質をたっぷりとれば、筋肉は増えるんじゃないか」

ついそう考えてしまいがちですが、残念ながら食事だけでは筋肉は増えません。食事によるタンパク合成は、筋肉量の維持には有効ですが、増やすまでにはいたりません。筋肉を増やすためには、運動と食事の両面からのアプローチが必要なのです。

●疲労が筋肉を成長させる

みなさんが筋肉トレーニングと聞いて、まず思い浮かべるのは、重いバーベルやダンベルなどを持ち上げたり、脚で押し上げたりするシーンではないでしょうか。これは大きな負荷を筋肉にかけることで、機械的刺激を与えるトレーニングです。

これまでこうした筋肉トレーニングは、各部位とも10回くらい行える程度の重さの負荷をかけるのがちょうどよいとされていました。しかし、最近の論文で**「小さな負荷でも限界まで行えば、筋肉は成長する」**ということが明らかにされました。すなわち、スピードを上げて限界までやり切れば、小さな負荷でも効果があることが証明されたのです。

筋肉に刺激を与える負荷は、「重さ」でも「スピード」でもどちらでもかまいません。要するに、疲れるまでトレーニングすること。それが、タンパク合成を促し、筋肉を成長させるために最も効果的な方法なのです。

04 自分がどんなカラダになりたいか目標を決める

鏡の前に立って自分の体を見てみましょう。あなたはどのような体型をしていますか？端から見えるよりも実は脂肪が多い寸胴体型、下腹がぽっこり出ている、全体的に脂肪が柔らかくたるんでいる、みぞおちあたりからドーンと肉がせり出している……。まずは現状を把握し、次にどのような体型になりたいのかを考えましょう。22ページでお話しした見た目の体型も参考にしてください。

たとえば、ＥＸＩＬＥやサッカー選手のような細マッチョになりたい人は、脂肪を減らして、筋肉をつける必要があります。プロレスラーのような太マッチョなら脂肪の量を気にするよりは、筋肉をつけることに重点をおいてトレーニングをすればよいでしょう。

まずは**どのような体になりたいか目標を決めること――ここから、どのようなトレーニングが必要なのか決まってきますし、目標があればモチベーションをキープできます。**

ボディメイクで筋肉を増やすのはあくまでもなりたい体型になるためです。トレーニン

なりたいカラダによってアプローチの方法は変わる！

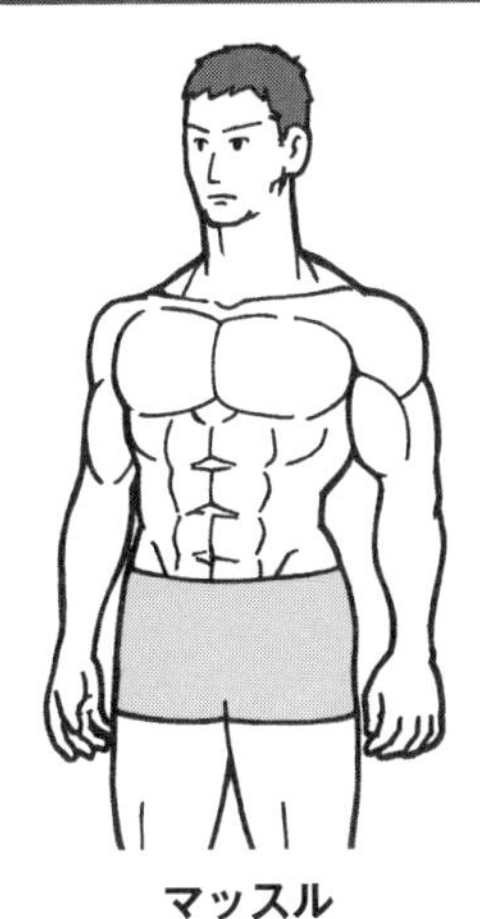

マッスル
脂肪を減らし、ガッツリ筋トレ

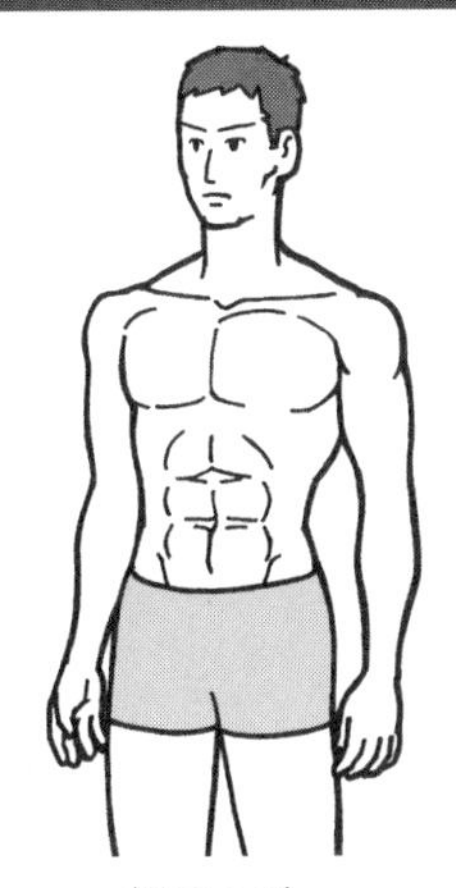

細マッチョ
脂肪を減らし、自重トレ

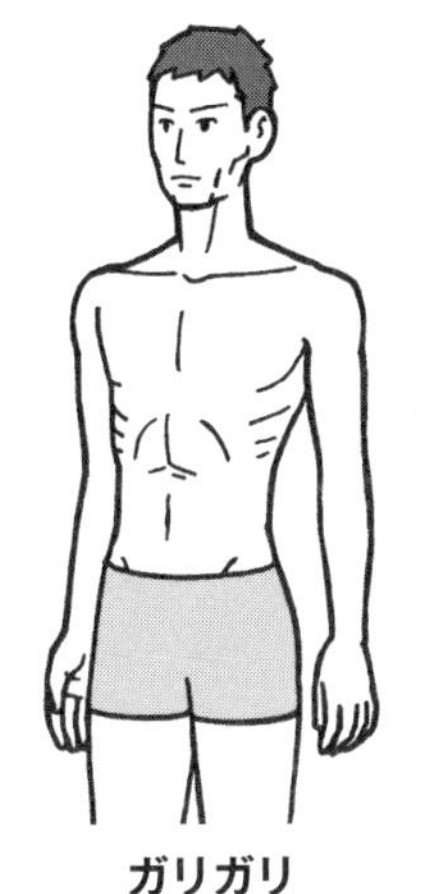

ガリガリ
筋トレを控え、脂肪を減らす

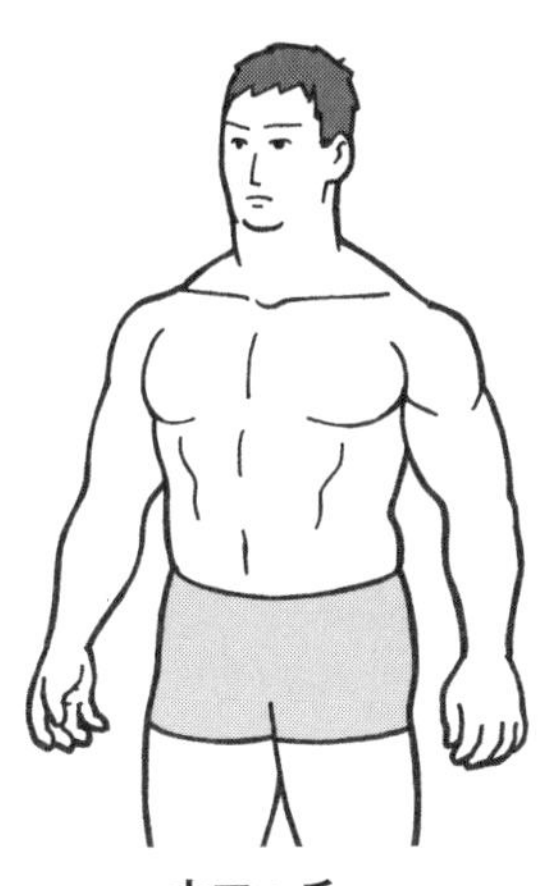

太マッチョ
筋肉量アップに重点

グ自体が目的ではないので、常にその先にある変わった自分の体型をイメージしながら、トレーニングする部位に意識を向けることが大切です。

「あのブランドの服を着よう」「Tシャツが似合うカラダになりたい」「あのコに素敵と言ってもらいたい」——その強い思いが、トレーニングを持続させる最大の原動力になるのです。トレーニングはあくまで、目標への手段だということです。

明確な目標を持ってトレーニングをすれば、どんな年代の方でも筋肉はつくれます。私の知る限りでは、100歳を超えてトレーニングをして筋肉が増えたという方がいらっしゃいました。

あなたが目指すのはどんな体型ですか？　目標とするボディラインが描けたとき、そこからもうトレーニングははじまっているのです。

●細マッチョなら自重で十分！

ボディビルディングを趣味とする人は別として、太った体をもとに戻したいという人が理想とするのはやはり、「贅肉の少ない引き締まったカラダ」ではないでしょうか。これが前ページでいうところの「細マッチョ」です。

ムキムキの筋肉質になりたいのなら、意識的にタンパク質摂取を増やし、太くしたい部分の強化トレーニングが必要です。けれども、細マッチョを目指すのであれば、常に消費カロリーが摂取カロリーを上回るように意識して、タンパク合成バランスもイーブンからプラスというあたりを意識していれば十分です。

その場合のトレーニングは、ジムに通って特別な器具を使わなくても、自宅で十分に行えます。自重＝自分の体重を負荷として利用すればよいのです。

トレーニングを有効にする強度の目安は「つらい」と感じるかどうか。その強度は、どこを強化するかという種目と、「負荷（重さ）」「回数」、「収縮速度」「セット数」「セット間インターバル」の組合せで決まります。自重をかけるだけの腕立て伏せでも、その回数や速さによっては十分に「つらい」強度をかけられるのです。

「速トレ」は1日5分の短いトレーニング時間が特長です。それも重い負荷はかけません。負荷は「自分の体重」と「収縮速度」すなわち「反復の速さ」でかけるのです。

05 たった5分で効果が出る理由

「速トレ」の1回のトレーニング時間は5分というと、疑問に思う方もいるでしょう。

「そんな短時間で効果が得られるの?」

大丈夫です。トレーニングの強度は、時間の長さで決まるものではありません。前項で述べたように、「負荷(重さ)」「回数」、「収縮速度」「セット数」「セット間インターバル」の組合せで決まるのです。

速トレは、強度を決める因子のうち、「負荷」「回数」「セット数」「セット間インターバル」が決まっています。負荷は自分の体重、回数は20回、セット数は3セット、インターバルはなく、サーキットトレーニングで行います。これに「収縮速度」を限界まで上げることで強度を上げ、筋肉に効果的な負荷を加えていくのです。

5分というと、あっという間に過ぎてしまう気がしますが、一つのトレーニングを持続するとなると、意外と長く感じるものです。試しに腕立て伏せを5分間ずっと続けてみてください。かなりキツイでしょう。

「速トレ」では、**数種目のトレーニング（サーキットトレーニング）をインターバルなしで行います。**インターバルを取らないことで相当の強度をかけることができます。

疲れるまでやること——それが筋肉を成長させる一番大きな要因です。

どんなにきつくても「たった5分」と思えば頑張れるでしょう。

どんなに忙しくても「たった5分」なら時間をとれるでしょう。

トレーニングは続けられなければ意味がありません。「速トレ」は続けられることにも着目したトレーニングなのです。

速トレは、
インターバルなしの5分間で
十分な効果がある！

06 週2回の筋トレは週3回にも勝る！

「速トレ」は、トレーニングの回数・頻度にも特徴があります。1回5分のトレーニングを週2回でよしとしているのですから。

よくスポーツ選手やバレリーナ、ダンサーなどが「1日練習をサボると体がなまる、動かなくなる」と言いますが、それは技術を含めてのこと。

実は、**筋肉をつくるうえでは、週2回が最も効果的なのです。**それ以上の頻度で行っても――もちろん害にはなりませんが――メリットはありません。はっきり言えば、ムダになるだけです。

これは、あるアメリカの研究チームの実験結果によって明らかになった事実です。

その実験では、トレーニングの頻度ごとに以下のようにグループ分けをし、3ヵ月後の筋力を調べました。週に1回、週に2回、週に3回、そして2週間に1回というグループ分けです。

この結果、一番効果の上がったのが週に2回のグループでした。1週間に3回のグループよりも3割ほど成績がよかったのです。

どうしてなのでしょうか。

理由は、**筋肉には「休養も必要」**だからです。

前にも述べましたが、筋肉は、外部からの刺激により筋線維が損傷され、その修復の過程でタンパク合成が促され、さらに太くなります。

修復には時間が必要で、だいたい36～48時間を要します。修復した後、さらに刺激することで、筋肉の成長がより促されます。この休養の期間を「超回復」と言います。つまり、**休むこともトレーニング**なのです。

もちろん、筋トレが好き、趣味で続けたいという人は毎日行っても問題はありません。頭を空っぽにすることで、リフレッシュ効果も期待できるでしょう。ただし、必要以上に行っても、筋肉の増強には効果は望めないということです。筋肉を増やしたいのなら、週2回で十分なのです。

トレーニング頻度別の筋トレ効果

「1週間に1回」「1週間に2回」「1週間に3回」「2週間に1回」のトレーニング頻度別に4つのグループに分け、3ヵ月後の筋力を測定。「1週間に2回」のグループを100％とした場合の数値。

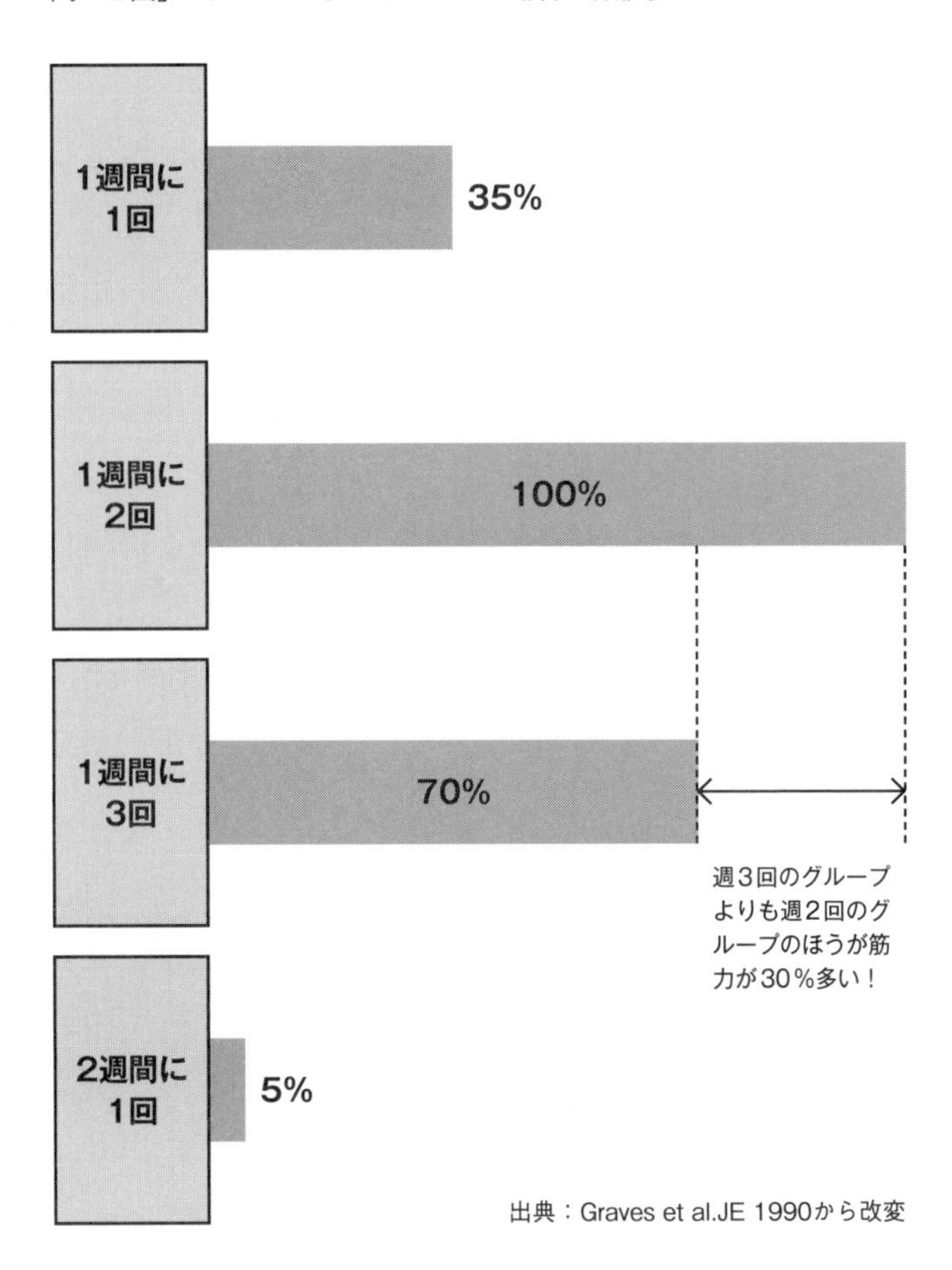
1週間に1回
35%
1週間に2回
100%
1週間に3回
70%
週3回のグループよりも週2回のグループのほうが筋力が30％多い！
2週間に1回
5%
出典：Graves et al.JE 1990から改変

筋肉の超回復サイクル1週間

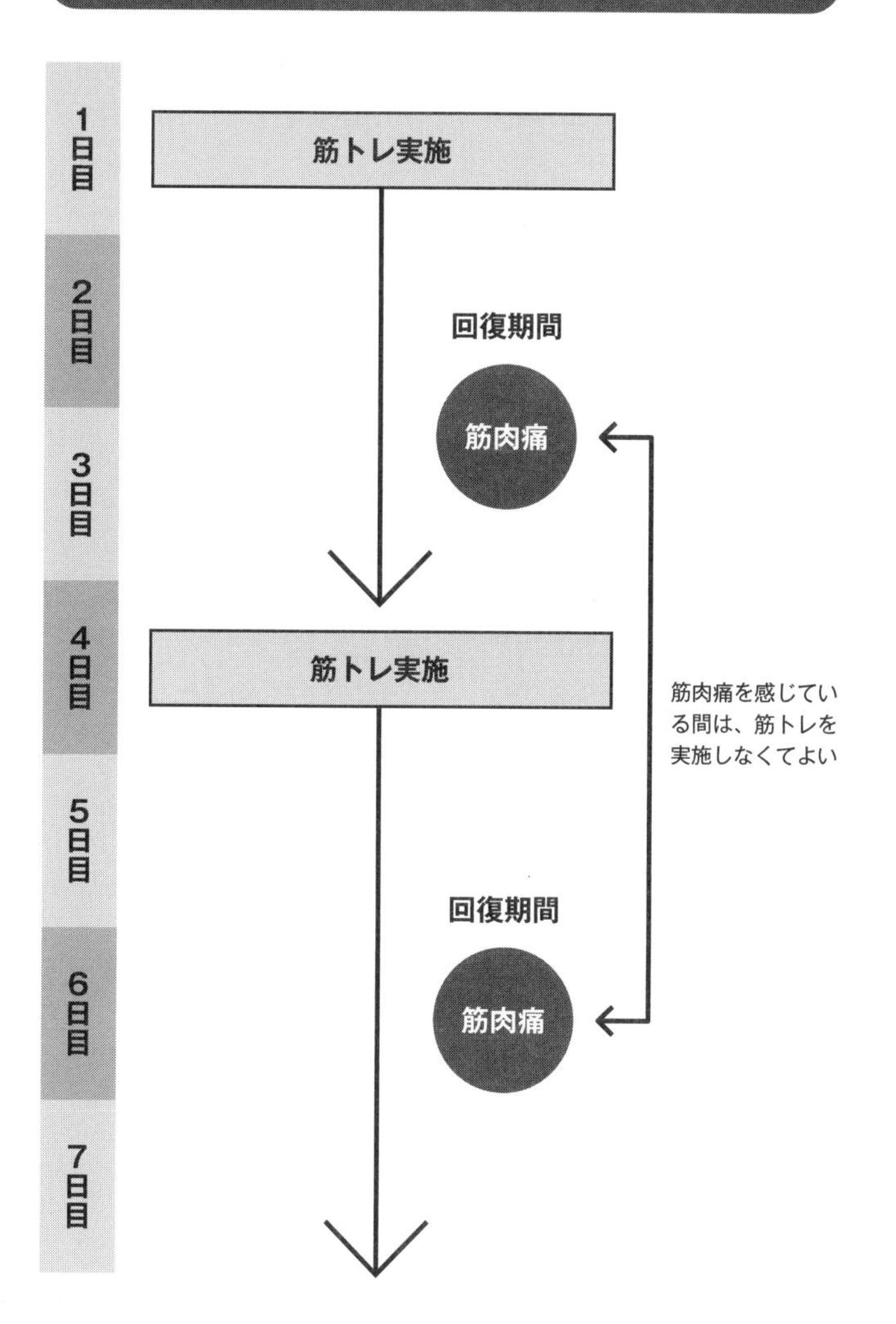
1日目
2日目
3日目
4日目
5日目
6日目
7日目
筋トレ実施
回復期間
筋肉痛
筋トレ実施
筋肉痛を感じている間は、筋トレを実施しなくてよい
回復期間
筋肉痛

07 カラダをつくるなら「速筋」を刺激せよ！

筋肉には、「遅筋」と「速筋」二つの種類があるのをご存じですか？

これは部位のことを指しているのではありません。この部位は速筋でできている、ここは遅筋で構成されているという意味ではなく、それぞれの部位（同一筋内）ごと、ほぼ同じ割合で遅筋と速筋が存在しており、ゆっくり動くときには遅筋が使われ、速く動くときには速筋が動員されます。

「遅筋」は持続力に優れた筋肉ですが、大きな力や、瞬発的な動きを発揮することはできません。ウォーキングやジョギングなどの有酸素運動で主に使われる筋肉と言えばイメージしやすいでしょう。運動の開始直後から働き、最大筋力の35%程度までの力が必要なときに使われます。

遅筋を動かすことで、脂肪を燃焼できますが、残念ながら、遅筋自体はトレーニングによって増える（太くなる）ことはほとんどありません。陸上の長距離選手がほっそりとし

速筋と遅筋のイメージ

筋束は、筋線維という0.1mmほどの細長い細胞で構成されている。筋線維は速筋と遅筋の2種類があり、速トレはこのうち速筋を刺激するトレーニング。

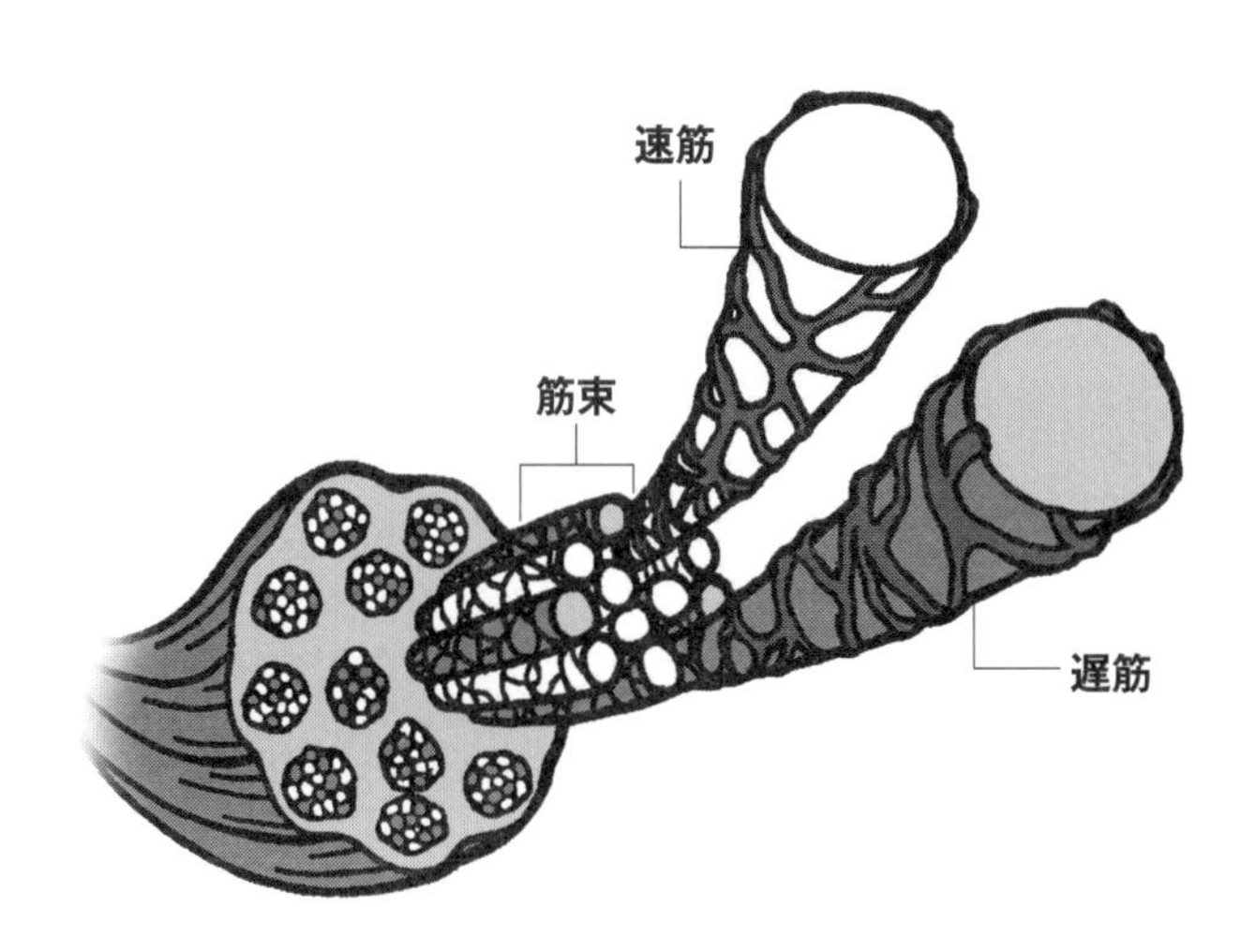
速筋
筋束
遅筋

て見えるのは、筋肉が太くなりにくい遅筋が多いためですが、筋肉量が増えないということは、いくら遅筋を鍛えても基礎代謝は増えないということを意味します。

一方、**「速筋」はその名の通り、速く動くときに用いられ、瞬発的に大きな力を発揮できますが、持続力は弱いです。**緊急時など瞬発力や大きな力を必要とするときに働き、短距離走や投てき（砲丸投げや槍投げなど）のような運動に向いた筋肉と言えます。

速筋は遅筋に比べ、維持するのに多くのエネルギーを要します。遅筋に比べて筋肥大しやすく、トレーニングによる効果も出やすいのが特徴です。ただし、その人が持つ最大筋力の40％以上を使う活動でないと使われないので、日常生活程度では出番はありません。そのため、運動しなければどんどん減少していきますが、その一方で、何歳になってもトレーニングをすれば増やすことができるのが大きな特質です。

以上を整理すると、次のようになります。

遅筋は増えにくく、減りにくい。

速筋は増えやすく、減りやすい。

すなわち、筋肉を増やすための鉄則は、速筋に働きかけるトレーニングなのです。

筋肥大後のイメージ

遅筋はトレーニングをしても大きくなることはなく、速筋が大きくなることによって筋肉全体が大きくなっていく。

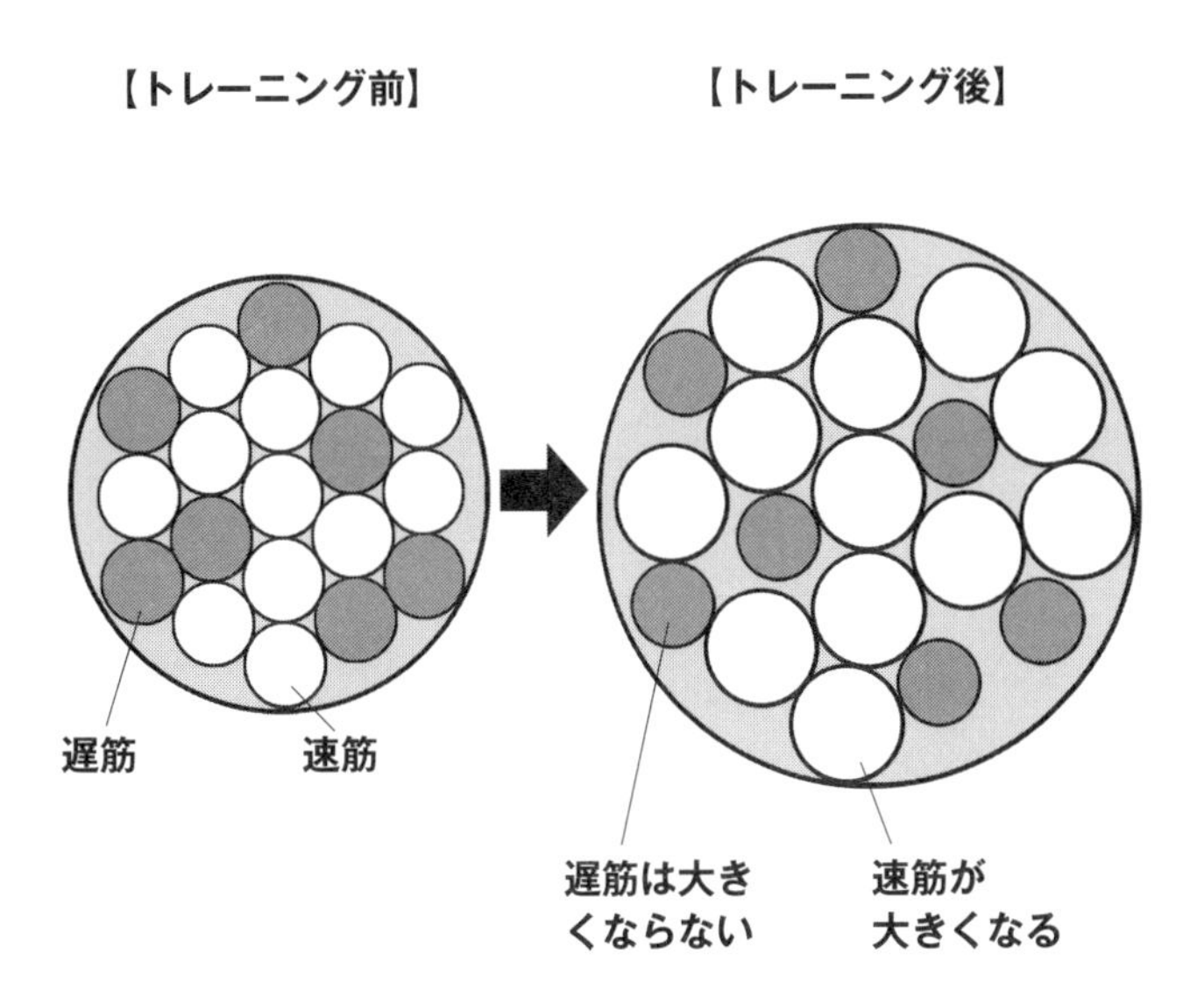
【トレーニング前】
【トレーニング後】
遅筋
速筋
遅筋は大きくならない
速筋が大きくなる

08 あなたは速筋タイプ？　遅筋タイプ？

動物の場合は、部位によって、速筋だけ、遅筋だけというところもあるのですが、いま述べたように、人の体はどの部位もだいたい同じ割合で遅筋と速筋が存在しています。つまり、たとえば脚は速筋でできていて、背中は遅筋でできているというようなことはありません。そして、速筋と遅筋の本数の割合は遺伝で決まっています。速筋が多いタイプと、遅筋が多いタイプは生まれたときからその割合が決まっているのです。

自分がどちらのタイプかというのは、子どものときに得意だったスポーツの種類である程度、判断できます。**かけっこが得意だった人は「速筋タイプ」、マラソンなどの長距離走が得意だった人は「遅筋タイプ」です。**

「自分は遅筋タイプだから、筋肉を増やしにくいのか」と、残念に思う方もいるでしょう。けれども、これは多くのクライアントを見てきた私個人の実感ですが、**遅筋タイプは、筋肉は増えにくい分、太りにくい**という利点もあります。ただ、お腹だけがポコっと出やすいという傾向はあるようです。太りにくいからと油断せずに、腹筋をしっかりつけて、お腹が出ないように心がけること。そうすれば、理想的なボディラインをキープできるのでは。

一方、速筋タイプの人は全体的に太っていくという傾向があります。端から見ると、太ってきたことがわかりやすいだけに、日頃から体型管理に注意が必要です。

逆に言えば、トレーニング次第で、やせるのは比較的容易ということ。**短期間で効果を実感できるのが、速筋タイプ**と言えるでしょう。

あなたはどちらのタイプですか？

速筋タイプと遅筋タイプの太り方

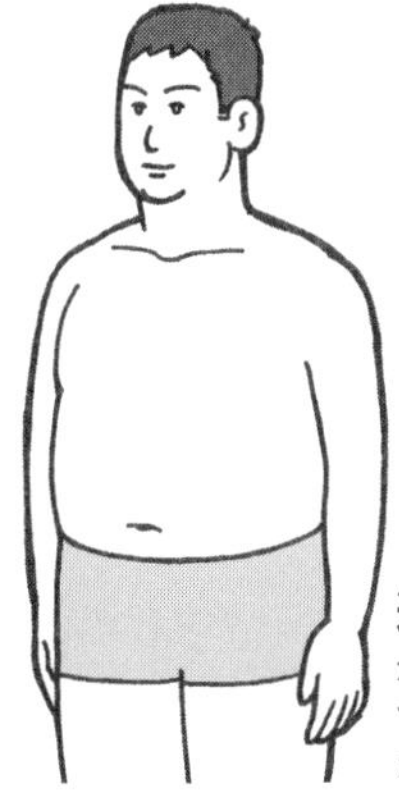

速筋タイプ
全体的に脂肪がついて太ることが多い

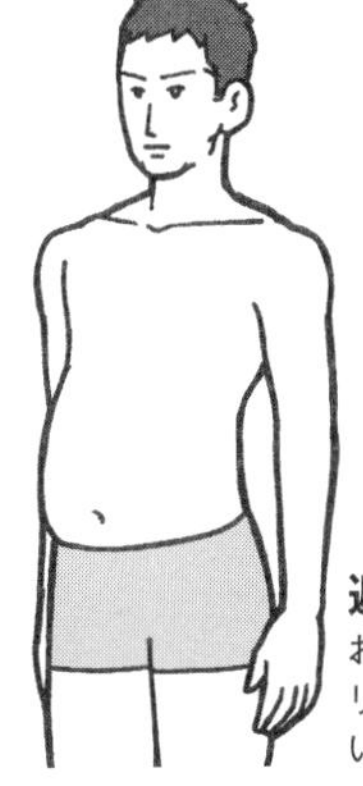

遅筋タイプ
お腹だけポッコリ出ることが多い

09 燃費の悪いカラダになるべし！

いくら食べても太らない――世の中には、そういう人も存在します。

たとえば、テレビの「大食い」番組の出場者。なぜか太っている人よりもやせている人の方が圧倒的に食べる量が多いですね。これは消化酵素の問題で、おそらくカロリーとして摂取しても、それを体が吸収していないのだと思われます。

ただし、これはあくまでも特殊な例。何度も言うように、摂取したカロリーより消費カロリーが少なければ脂肪として蓄積されていくのが普通です。

ならばどうすればいいのか。

どんどん消費するカラダをつくればよいのです。言い換えれば、食べてもそれ以上にエネルギーを消費する「燃費の悪いカラダになる」ということです。

筋肉が増えれば基礎代謝が上がるのは先にお話した通りです。加えて、筋肉が増えると普通に動くときにもより多くのエネルギーが必要になります。たとえば、１００ｍ歩くのに10のエネルギーが必要だったところ、筋肉が増えたことにより12のエネルギーが必要になるというように。

これは車にたとえれば、同じ距離を走るのに必要なガソリンの量が増えるのと同じこと。燃費が悪くなっているということです。

いわゆる外国車のようにガソリンばかり食う、エネルギーを消費するカラダ。これが理想なのです。ボディメイクをするためには、外国車のような燃費の悪いカラダを目指すべきなのです。

そして、体のなかでエネルギーを〝食う〟のが速筋です。「速トレ」は体を速く動かすことで、速筋に働きかけます。

どのようにして効果的に速筋に働きかけることができるのか。次章ではその理論について説明していきましょう。

COLUMN

4回やれば筋トレは習慣になる？

速トレは短時間に集中的にトレーニングをするために、一般的なウェイトトレーニングと比べると相当キツイと思います。これまで経験したことのない速さで反復運動を繰り返すのですから、はじめて行ったときは「続けられない」と感じるかもしれません。それに、ほとんどの方が、すべてのプログラムを終えるのに５分以上かかってしまうと思います。

けれども、「キツイから続けられない」「５分以上かかるから効果が得られないだろう」と、すぐにはあきらめないでほしいのです。

もう一度トライしてみてください。

２回目は１回目よりも苦しさがやわらいでいるのに気づくはずです。同じ負荷なのに、相対的にラクに感じるのです。いわば、ハードルが一段下がるという感じ。たいていの人は「2回目は筋肉痛が弱くなっている」と言います。これこそ、筋肉がつくられている証と言えるでしょう。

そして、回を重ねるほど、どんどんハードルは下がっていきます。ハードルが下がるにつれて、スピードもアップし、１回の速トレを５分以内で終えられるようになるはず。

ですから、なんとか2週間、4回続けください。そうすれば、筋力がついている自分を発見することになります。それが励みとなり、もう続けずにはいられなくなるでしょう。

そう、速トレが「習慣」となるのです。

みなさんも、まずはこの4回を目標に頑張ってください。

PART
2

速トレが効果を発揮する理由

01 速筋が動員される5つのシチュエーション

前章では、体脂肪を落としてボディメイクをするためには筋肉を増やす必要があること、特に大きくなりやすい速筋を鍛えることがポイントだとお話ししました。この章では、「速トレ」がどのようにして速筋に働きかけるのか、効果的なトレーニングの進め方についてお話ししていきます。

筋肉が、動かされることによって刺激を受け、成長を促されることはすでに述べましたが、それでは、どのような動きをしたときに速筋は動員されるのでしょうか?

速筋が使われる状況には、次の五つがあります。

●重いものを持つ

ふつうに生活しているかぎり、速筋はあまり使われません。たとえば、歩いているときはほとんど遅筋しか使いません。先に、「遅筋は最大筋力の40%くらいまでの力が必要なときに使われる」と述べましたが、日常生活における活動は、その程度の筋力でまかなえるからです。

つまり、**速筋が動員されるのは「緊急性の高いとき」**と言えます。言い換えれば、遅筋ではまかなえないとき、すなわち最大筋力の40％以上を使う動きをしなければならなくなった場合に動員されるのです。

その代表が「重いものを持つ」とき。**力を入れずに持ち上げられるケースでは遅筋しか使われませんが、ある限度以上のウェイトを持ち上げる場合は、速筋が必要とされる**のです。これを生理学的には「サイズの原理」と言います。一般的なウェイトトレーニングは、この原理を利用しているわけです。

●ゆっくり動かし続ける

ゆっくり動かし続けるときにも速筋を必要とします。

腕や足をゆっくり動かすと、最初は遅筋が使われますが、動きを続けていくと、じきに遅筋は働かなくなり、速筋が動員されます。

と言うのは、ゆっくりした動きを続けていると、筋肉の張力がずっと維持されることになり、血管が圧迫され、血流が滞ります。すると、遅筋線維のエネルギー基質である酸素が届かなくなって、遅筋が動かなくなります。それでも運動は続いているから、筋肉は動かさなければならない。そこで、**遅筋の代用として速筋が動員される**わけです。

比較的軽い負荷でゆっくりと動かす「スロートレーニング」は、このメカニズムを利用したものです。血流が制限されて代謝が低下すると、筋内に乳酸が蓄積されはじめます。これにより、脳内から成長ホルモンが分泌されて、筋肉が大きくなるのです。

バンドで血流を制限してトレーニングする「加圧式トレーニング」も、同様に筋肉への「化学的刺激」を利用したものです。また、ゆっくりした動きをずっと続けるという点では、太極拳もあてはまると思います。

●伸張性収縮

通常、筋肉は縮むことで力を発揮します。たとえば、ダンベルを引き上げるときに上腕二頭筋が使用されていることはイメージしやすいでしょう。

しかし、腕を曲げてから伸ばすときも、筋肉はブレーキをかけながらゆっくりダンベルを下ろしています。このとき、**筋肉は伸ばされながら筋力を発揮している**ことになり、これを「伸張性収縮（エキセントリック収縮）」と呼びます。通常、筋肉は収縮することで力を発揮するのですが、この場合は伸ばされているのにもかかわらず力を出すので、エキセントリック（奇妙な、風変わりな）収縮と言われるわけです。

ダンベルを引き上げるときは、負荷が小さいと、まず遅筋が使われ、負荷を大きくしないと速筋は動員されません。ところが、**伸張性収縮をしているときは、たとえ負荷が大きくなくても速筋が選択的に動員される**ことが明らかになっています。これは、関節が壊れてしまわないにという、筋肉の防衛本能のうちの一つなのかもしれません。

持ち上げたバーベルを下ろすときも、重力に任せて下ろすのではなく、意識的にゆっくり下ろせば、より効果的に速筋線維を刺激できるので、より効果が上がることになるわけです。

●反射

反射とは体の防衛本能を指します。緊急時は、速く、強く動かなければ、体を守れないので、瞬間的に力を出せる速筋しか使われません。

たとえば、何かのアクシデントで背中から倒れたとき、咄嗟に首に力を入れて頭を守ったり、前方に転んだときに手をついて顔面を守ったりするケースがこれにあたります。胴上げなどで上に上げられてから、下に落ちてくるときなども、身を守ろうとして本能的に力が入ります。このように**ブレーキを掛けようとする体の動きが反射**です。

ちなみに脚気の検査でひざをたたくのはこの反射の作用を確認するものです。膝蓋骨の下の腱をハンマーで叩かれることで大腿四頭筋が引っ張られ、その情報が脊髄に送られて大腿四頭筋が収縮するのです。

反射は、体の防衛本能なので、日常生活のなかで作用する機会はあまりありません。

●速く動かす

どんなに軽い負荷であっても、最大の速さで動かす場合は速筋しか使われません。逆に言えば、**限界ギリギリまで速く動かせば、負荷は軽くてもよい**のです。

遅筋と速筋では、筋肉の収縮速度も違います。速く動かそうとすると、遅筋が出せる以上のスピードを出さなければならないので、言うなれば**〝速さのスイッチ〟が入って、速筋が使われる**ようになるのです。

「速トレ」は、まさしくこの原理を利用したトレーニングです。しかも、速く動かせば、それだけ時間も短縮できます。だから「1日5分でOK」なのです。

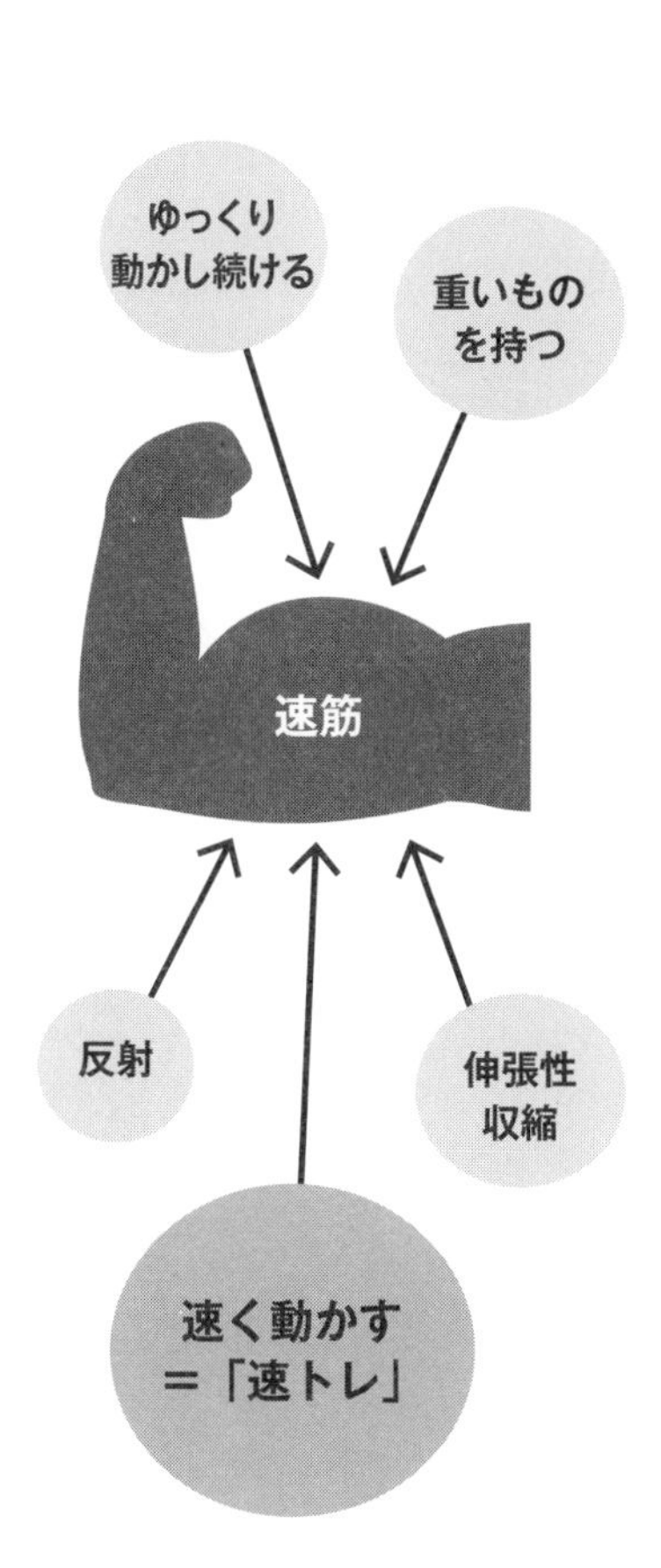
速筋が動員される
5つのシチュエーション
ゆっくり
動かし続ける
重いもの
を持つ
速筋
反射
伸張性
収縮
速く動かす
＝「速トレ」

02 なぜ、速く動かすと筋肉が太くなるのか？

筋肉を大きくするには速筋を刺激することが必要であり、その方法として五つのシチュエーションがあることがわかりました。その五つのうち、「速く動かす」ことで速筋を刺激するのが速トレです。

では、速く動かすと、どうして筋肉が太くなるのでしょうか。筋肉のなかで何が起こっているのでしょうか――その理論をご説明しましょう。

●速く動かすと体重以上の負荷がかかる

速トレは名前の通り、速く動かす筋トレです。

たとえば、腕立て伏せで速く動かすということは、腕を伸ばすときも、曲げるときも速く動かすことになります。この、腕を曲げるときに動員される胸や腕の筋肉は、実は**伸ばされながら力を発揮**しています。つまり**筋肉にブレーキをかけているのです**。

腕を速く曲げるときには、下向きの加速がついています。そのため、再び腕を素早く伸ばすためには、カラダを止め、切り返して上に上げなければなりません。**下方向に加速がついた状態でカラダを止めると、瞬間的に体重以上の負荷が筋肉や腱にかかってきます。**その際、筋肉には**大きな負荷による機械的な刺激がもたらされ、筋組織が壊される**というわけです。

●修復のための損傷

トレーニングなどによる刺激で筋線維が壊されると、その修復過程でタンパク合成が促され、さらに筋肉が太くなることはすでに説明しました。そして、筋肉の損傷とは、速く動く、重いものを持つといった、機械的な刺激によって引き起こされます。

筋肉は刺激を受けると、現状の筋肉では耐えられないと判断して、細胞をリフレッシュして再構築しようとします。**より強い刺激に耐えられるよう、自ら筋線維を壊して、もっと太くなろうとする**のです。

●刺激への耐性が生じる

これまで説明した通り、筋肉を損傷して再構築することで筋肉が太くなり、より大きな刺激にも耐えられるようになるわけですが、ただし、この耐性は少しずつ段階的にしか上がりません。

たとえば、**筋肉に10の刺激に耐えられる力があったとして、そこに12の刺激を受けても、残念ながら12の耐性はつきません。11の力に耐えられるようにしかならない**のです。

ですから、いくら強い刺激を与えても、その分だけ耐性が強まることはありません。いきなり100の刺激を与えてもやはり、耐性は11までしか上がりません。

筋肉は、地道に、少しずつ強くしていくしかないのです。

●〝速さのスイッチ〟を入れる倍速

機械的な刺激を「速く動かすこと」で与え、速筋を成長させようとするのが「速トレ」です。

「速トレ」のトレーニングスピードは、**一般のトレーニングのおよそ倍。**たとえば、腕立て伏せの場合、体を下ろすのに1～2秒、引き上げるのに1～2秒というのが標準的なスピードですが、「速トレ」では、**体を下ろす動作と引き上げる動作の両方を1秒で**行います。このスピードによって、〝速さのスイッチ〟が入り、機械的な刺激が引き起こされ、筋肉を太くするのです。

速トレで筋肉が増えるメカニズム

1 速く動かす

速く動かすことで、
筋肉に大きな負荷がかかる

2 筋組織が壊れる

大きな負荷によって、
筋組織が壊れる

3 筋組織を修復

壊れた筋組織が、
修復にかかる

4 耐性が生じる

負荷に耐えられるよう、
筋肉が段階的に成長

03 「痛い&疲れる」が理想のカラダへの近道

●疲れるまでやる。それが筋肉成長のポイント

たとえ軽い負荷でも、限界までトレーニングすれば筋肉は成長することが、2012年に発表された論文で明らかになりました。

「限界まで」とは、すなわち「疲れきるまで」ということ。

「速トレ」は、自重という一見、大きいとは言えない負荷でも、限界までスピードを上げることによって、負荷を増長させ筋肉を成長させます。

さらに、そこに「疲れてきた。もうダメだ」と感じたら、それは筋肉が成長しはじめる合図。そこで、「もうひと頑張り」しましょう。疲れ切るまでトレーニングすることが、あなたの筋肉を確実に大きくします。腹筋運動で体を起こせなくなったら、それはそれだけ疲労したということ。むしろ喜んでいいのです。

●筋肉痛は筋肉が大きくなるサイン

速トレを行うと、たいがいの人は数日後に筋肉痛に襲われます。これは悪いことではありません。なぜ筋肉痛が起こるのかは、解明されていない部分が多いのですが、有力とされているのは以下のような考え方です。

刺激を受けると、筋肉は自らを壊して修復しようすることはすでに何回も出てきたことですが、その過程で痛みを感じさせる物質が分泌されます。そうすることで、体がこう命じるわけです。

「いま、せっかく修復している最中なのだから、それ以上同じ動きをするな。傷んでいるのだから、あまり筋肉を使うなよ」

それが痛みの意味であり、筋肉痛とは一種の防衛反応なのです。

逆に言えば、筋肉が大きくなろうとしているサイン——それが筋肉痛の正体です。**筋肉痛になったら、それだけ速トレの効果が上がっている**と認識してください。

04

筋トレは、大きい筋肉から小さい筋肉へ

●最初に全体量を増やす

トレーニングをするときには、どの部位からはじめるかという順番も重要です。

基本は、「大きい筋肉から小さい筋肉へ」。

「速トレ」でも、ファーストステップ（初速）の目的を「全身の大きい筋肉のベースをつくる」ことに置いています。そこで、のちに詳しくご紹介しますが、まずは大胸筋（だいきょうきん）、腹直筋（ふくちょくきん）、広背筋（こうはいきん）、大腿四頭筋（だいたいしとうきん）といった全身の大きな筋肉を鍛えることからはじめることになります。

なぜ、大きい筋肉から鍛えるのがいいのでしょうか——。

その理由は、**最初に大きな部位の筋肉を増やすと、全体の筋肉量が増える**からです。

筋肉の量が増えれば基礎代謝が増えます。大きな部位を増やせば、それだけ消費エネル

ギー量が大きくなり、体脂肪が落ちやすくなります。

それに、**最初に大きな筋肉を増やすと、見た目も大きく変わります。**これも、大きな部位の筋肉から増やすことの大きなメリット。

「おっ、胸が厚くなってきたゾ」「太ももにハリが出てきたな」鏡で体を見て変化がわかれば、「頑張って続けよう」と思えるでしょう。

「速トレ」は確かにキツイかもしれませんが、そのかわり効果も早く出ます。自分の体の変化を短期間で実感できるので、モチベーションも上げやすいのです。

●1回のトレーニングも大きな筋肉から

毎回のトレーニングでも、大きな筋肉から取り組むのが鉄則。小さな筋肉からトレーニングしてしまうと、より大きな力が必要とされる大きな部位をトレーニングするときに、最大限の力を発揮できなくなってしまうからです。

「速トレ」のプログラムもそのように組んでいますので、楽なトレーニングから行うのではなく、きちんと順番通りに取り組むようにしましょう。

05 1回1秒で〝速さのスイッチ〟を入れる！

「速トレ」のポイントが、最大限の速さでトレーニングをすることにあるのは、再三、お話ししている通りです。トレーニングの強度を決める要因のうち、〝速さのスイッチ〟を入れるのが「速トレ」のセオリー。

とにかく速く、筋肉を動かすこと。重い負荷をかける必要はありません。思いきり速く動かしていれば、自重だけで必ず速筋が動員されます。

「速トレ」の1回のトレーニングは5分。今回は段階別に3コースを設定していて、どのコースにも部位別に4種類のトレーニングを盛り込んでいます。ステップによっては若干回数が変わりますが、原則として**どのトレーニングも20回を3セット行う**のを基本とします。

5分＝300秒÷4種類÷3セット÷20回＝1・25秒

つまり、**一つの動きを約1秒で行う**計算になります。

スポーツジム等で行うトレーニングは、だいたい一つの動きを2～4秒。「速トレ」は、これをほぼ倍速で行うことになります。

最初は、秒針のある大きめの時計を用意して、秒針に合わせて動くようにすると、リズムをつかめると思います。

それぞれのトレーニングを最大限の速さで実行することが「速トレ」の鉄則ですが、だからと言って、**速く動こうとするあまり、基本のフォームを崩してしまっては、筋肉への刺激は得られません。**

そこで、各トレーニングでは、その姿勢を取るのが厳しい場合には、少し緩めてもいいでしょう。

基本の正しいフォームをしっかり守ったうえで、最大限の速さ「1回1秒」で、トレーニングすることを心がけてください。

06 できなかったはずのものが必ずラクにできるようになる

「あれ、思ったより体が動かない……」

トレーニングをはじめて、みなさんはまずこのように感じることでしょう。

それは、体が、若い頃の感覚とは、まったく変わっていることにあります。若いときに体重を支えていた筋力が増えていない、むしろ減っているなかで、体重が増えているわけですから……。


「3セット目になると、もう息が切れてしまって、動けない」

みなさん、特に3セット目がキツイとおっしゃいます。

試していただければわかりますが、すべてのトレーニングを、正しいフォームで、5分で終わらせるのは、想像以上に困難なことであるのは事実です。それまで体を動かす機会が少なかった方は、最初は5分以上かかってもしかたありません。

ですが、**筋肉に刺激を与えれば、確実に耐性は上がります。**1回トレーニングをするごとに、確実に前回の負荷（速さ）に対応できる筋力がついてくるのです。実際、2回目は1回目よりも苦しさがやわらぎ、相対的にラクに感じることに気づかれるはずです。

ですから、最初から思い通りにできないからと言って、挫折感を感じる必要はありません。今日のトレーニングよりも、次。そしてまたその次……。回数を重ねるごとに、できなかった時間内でのトレーニングが必ずできるようになります。

最初はきつくても、5分以上かかっても、あきらめないでください。**続けていけば、必ず5分でできるようになります。**人間は、「何かをできた」と実感できれば、脳からドーパミンという物質が出て、これが心地いいので、その快感をもう一度味わいたいと思い、多少つらくてもなんとかやり遂げようとすることが科学的にもわかっています。

失敗とは、成功の前にやめること

この言葉を胸に続けていけば、必ず結果は出ます。

07 速トレは、4分30秒を切ったら次のステップへ

トレーニングの回数を重ねていくと、筋肉が太くなって刺激に対する耐性が高まり、1回に要する時間が着実に短くなっていきます。最初は5分をオーバーしていたのが、少しずつ5分に近づき、最後は5分を切れるようになります。

そうなったら、試しに鏡に自分の姿を映してみてください。**確実に以前のあなたの体とはボディラインが変化している**はずです。

トレーニングに要する時間が短くなるということは、あなたにとっての負荷が軽くなっているという証拠。逆に言えば、その負荷ではもはや筋肉を損傷するだけの刺激を与えることはできないということです。そう、負荷を上げる時期が来たのです。

それでは、どのくらいのスピードでできるようになればいいのでしょうか？

「4分30秒」

今回はこのタイムを目安とします。

先ほど、単純計算で「ひとつの種目を1・25秒で行えば5分で終える」と述べましたが、これを1・125秒に短縮すれば、4分30秒になります。このタイムを切ることができたらそのステップは卒業、次の段階に進みましょう。

ただし、次のステップに早く進みたいがためにフォームを崩してしまっては本末転倒です。まずは正しいフォームを意識して、適正な負荷をかけるようにしてください。

なお、「速トレ」では基本のコースを3ステップ用意していますが、どのステップも**「4分30秒」が次のステップへと移行するサイン**となります（ただし、あとで説明しますが、「中速」バージョンは左右別の回数が減りますので、「4分」を目標にしてください）。

次章からは、いよいよ「速トレ」の具体的なプログラムを紹介していきます。

COLUMN

部分やせは可能か？

これまで「部分やせはできない」とされていましたが、トレーニングと食事制限を行うことで、ある程度の、部分やせができるかもしれないという可能性が出てきました。

それは、筋肉を壊して修復しようという過程のなかで分泌されるインターロイキン-6（IL-6）という物質が関係しています。

IL-6は、筋肉を動かすことによってその組織の周辺に対して分泌されるマイオカインと呼ばれるホルモンのなかに含まれています。これが、炎症を抑えるとともに、脂肪を分解する働きのあることが明らかになってきたのです。

ということは、特定の部位をよく動かせば、IL-6が多く出て、その部分の脂肪を分解する――まだ研究が進められている段階ですが――そういう推測が成り立つわけです。

2012年には、次のような実験が行われました。片方の脚はエクササイズを行い、もう片方の脚は何もしないという条件で、エクササイズの前後に血液中のグリセロール値を計測しました。グリセロールは中性脂肪を構成するものの一つです。すると、エクササイズをした脚の血液のほうがグリセロール値は高かったというものです。運動によってその周辺の脂肪が分解されて、血液中のグリセロール値が上がったと考えられるわけです。

体のよく動かす部分は脂肪がつきにくいと言われるのは、これが理由かもしれません。

とは言え、まだまだ推測の域を出ない話ではありますが……。

PART 3

筋肉を増やす！　速トレ・プログラム

01 速トレの基本的な考え方と方法

いよいよ「速トレ」の具体的なトレーニング内容について、お話ししていきます。

●コース設定

速トレは、**「初速（しょそく）」「中速（ちゅうそく）」「爆速（ばくそく）」の3段階に分けて行っていきます。**ステップアップするにつれて、動作が増える、あるいは一つの動き自体の負荷が増大するようにプログラムされており、全身をまんべんなく鍛えることができます。

ただし、はっきり言って「爆速」はアスリートでもキツイと思います。なので、「中速」をクリアしてある程度ボディメイクに成功したら、110ページからの「パーツ別プログラム」で**気になる部分をお好みで強化**するようにしてもかまいません。こちらは、**「たくましい上半身コース」「お腹引き締めコース」「ブレない下半身コース」の三つをラインナップ。**それぞれ鍛えたい部位を重点的に強化できる内容になっています。

●回数・セット数

各メニューは基本1セット4種目。1種目につき20回ずつ行い、これをインターバルなしのサーキットトレーニングで3セット行います。

●スピード

各メニューの一つの動きは1秒が目安。**4種目を1セットとし、これを3セット順番にやること**がポイントです。ある部位を鍛えている間は、他の部位にとっての休憩になります。各ステップとも4分30秒でクリアできたら次のステップに進んでください。

●フォーム

速さを追い求めるあまり、フォームが崩れてしまっては元も子もありません。各種目にはそれぞれ目的があり、**正しいフォームを保ってこそ意図した効果が得られます**。最初は、すべてのメニューをこなすのに5分以上かかるかもしれませんが、正しいフォームを常に意識して取り組むようにしてください。

速トレ スタンダード・プログラム

トレーニング強度別のレベルは3段階に設定。
まずは【初速】速トレ・レベル1からチャレンジしてみよう!

■【初速】速トレ・レベル1 ▸▸ P92

1 ニータッチ・プッシュアップ（胸と腕）
2 ニータッチ・クランチ（お腹）
3 タオルラットプル（背中）
4 スプリットランジ（太もも）

■【中速】速トレ・レベル2 ▸▸ P98

1 プッシュアップ（胸と腕）
2 ヒールタッチ（お腹）
3 ユニラテラル・タオルプル（背中）
4 スクワット・ジャンプ（太もも）

■【爆速】速トレ・レベル3 ▸▸ P104

1 ハンドクラップ・プッシュアップ（胸と腕）
2 ピークタッチ（お腹）
3 エルボースタンディング（背中）
4 スプリットジャンプ（太もも）

速トレ パーツ別プログラム。

上半身・お腹・下半身という3つのパーツ別に構成。
気になる部位を集中的に鍛えたい人はコレ!

●【ウエ速】たくましい上半身コース ▶▶ P112

1. プッシュアップ（胸と腕）
2. ひざ裏タオルアームカール（腕の表側）
3. タオルフレンチプレス（腕の裏側）
4. タオルプル（肩と背中）

●【ハラ速】お腹引き締めコース ▶▶ P118

1. ヒールタッチ（お腹・前の上部）
2. ヒップリフト・サイドベント（お腹・横）
3. ニートゥチェスト（お腹・前の下部）
4. プローン・バックエクステンション（背中）

●【アシ速】ブレない下半身コース ▶▶ P124

1. スクワット・ジャンプ（前もも）
2. ワンレッグ・ヒップ・ジャンプ（おしり）
3. アダクター・サイドランジ（内もも）
4. もも裏スティッフド・デッドリフト（もも表）

刺激するのはココだ！
全身の筋肉チャート

【前面】

三角筋（さんかくきん）
肩の上部に位置する三角形の形をした筋肉。男らしい肩幅、キレイな逆三角形のシルエットを目指すならぜひ鍛えておきたい！ 実は結構大きい筋肉。

大胸筋（だいきょうきん）
たくましい胸板をつくるために欠かせない胸の筋肉。オッと思わせるカッコいいカラダを目指すなら、ぜひ注力したい。スタンダードでも必須のパーツ。

胸鎖乳突筋（きょうさにゅうとつきん）
首の側面に位置する筋肉。ここを鍛えると、首の太さとの対比で小顔に見えるという効果が。

上腕二頭筋（じょうわんにとうきん）
力こぶの大きさが、男性らしさを象徴すると言っても過言ではない。デスクワークの日々だと、如実に落ちていく筋肉。

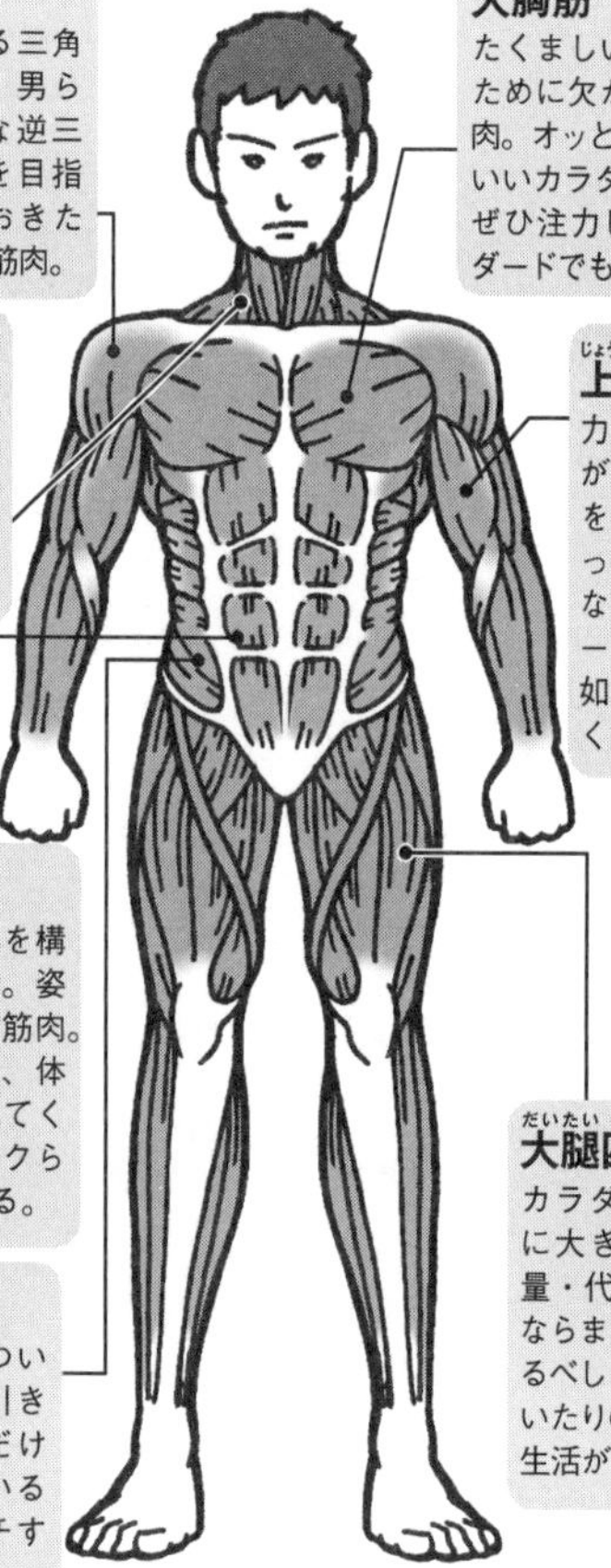

腹直筋（ふくちょくきん）
夢のシックスパックを構成するのがこの筋肉。姿勢の維持にも大切な筋肉。お腹の中央に位置し、体脂肪率が15%を切ってくると、うっすらパックらしきものが見えてくる。

大腿四頭筋（だいたいしとうきん）
カラダの中でもとくに大きい筋肉。筋肉量・代謝を増やしたいならまずはココを鍛えるべし！ 立ったり、歩いたりの主働筋なので、生活がラクになる。

腹斜筋（ふくしゃきん）
お腹の横部に斜めについている筋肉。お腹を引き締めるには、腹直筋だけでなく、横についている腹斜筋にもアプローチする必要がある。

速トレでアプローチするカラダの主な筋肉を紹介。どこの筋肉を大きくするかでボディメイクのデザインは決まる。目指せ！ 理想のボディ！

【背面】

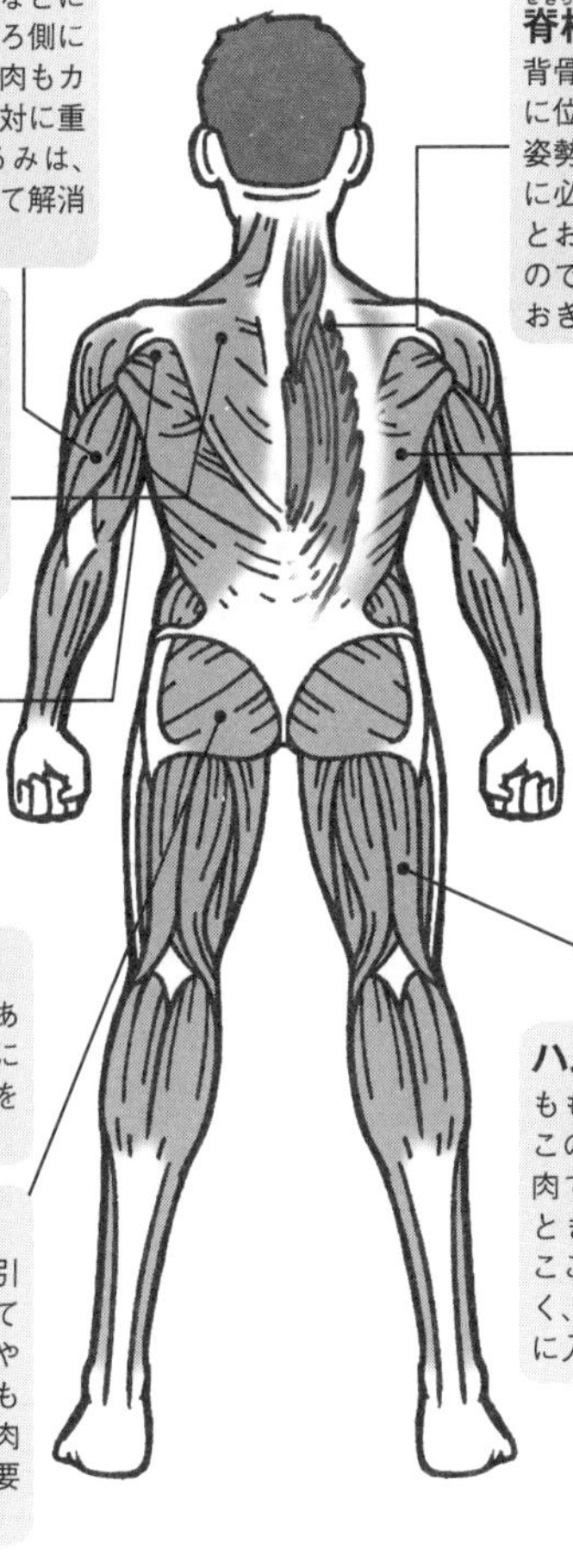

上腕三頭筋（じょうわんさんとうきん）
ひじを伸ばすときなどに使われる、腕の後ろ側にある筋肉。この筋肉もカッコいい腕には絶対に重要。二の腕のたるみは、上腕三頭筋を鍛えて解消したい。

脊柱起立筋（せきちゅうきりつきん）
背骨の両側に沿うように位置する、カラダの姿勢をキープするために必要な筋肉。猫背だとお腹が出てきやすいので、しっかり鍛えておきたい。

僧帽筋（そうぼうきん）
首や肩・肩甲骨周辺に位置する筋肉。この筋肉がこり固まると肩こりなどの原因に。ここを鍛えると肩甲骨の働きもよくなる。

広背筋（こうはいきん）
カラダの側面から背中に位置する大きな筋肉。逆三角形のシルエットを手に入れたいなら、この筋肉を鍛えて形を整えたいところ！

大円筋（だいえんきん）
肩甲骨の下側、脇の下にある筋肉。逆三角形のシルエットをつくるためには欠かせない。

菱形筋（りょうけいきん）
左右の肩甲骨の中央にある筋肉で、僧帽筋の下に位置する。美しい姿勢を保つのに役立つ。

ハムストリングス
もも裏の筋肉群の総称。このパーツも大きな筋肉で、筋肉量を増やすときには欠かせない。ここを鍛えてたくましく、美しい脚線美を手に入れたい！

大殿筋（だいでんきん）
モテる男は、おしりが引き締まっていると言っても過言ではない。歩行やランニングの原動力にもなる大きい筋肉で、筋肉量を増やすうえでも重要パーツだ。

【初速】速トレ・レベル❶

●所要時間：5分
●セット数：3セット
●ペース：3日に1回

大きな筋肉から動かす

「スタンダード・プログラム」（速トレ・レベル1〜3）の目的は、**今まで眠らせていた大きな筋肉を目覚めさせ、強化して全身の筋肉量を増やす**ことにあります。そうすれば見た目が変わるだけでなく、基礎代謝が上昇して脂肪もより燃焼されるからです。

ファーストステップにあたる「初速」では、**そのための土台をつくること**に重きを置いています。鍛える部位は、胸、お腹、背中、太ももが主。各メニューにターゲットとする筋肉の部位を明記していますので、今、自分がどこを動かしているのかを意識しながら取り組んでみましょう。

「初速」と言っても、かなりのスピードで行うことになります。

このサイクルを3セット、目標5分!

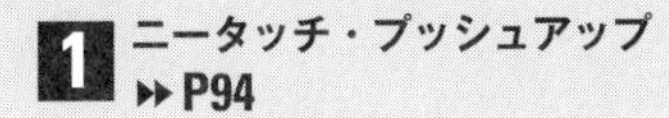
1
ニータッチ・プッシュアップ
▸▸P94

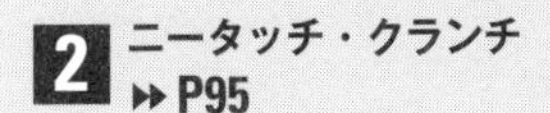
2
ニータッチ・クランチ
▸▸P95

20回
20回

胸と腕を刺激

お腹を刺激

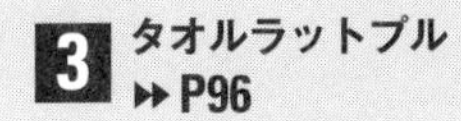
3
タオルラットプル
▸▸P96

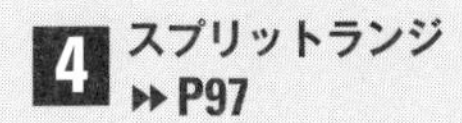
4
スプリットランジ
▸▸P97

20回
左右各
20回

背中を刺激

太ももを刺激

1～4のサイクル×3セット

Level1 初速　1　ニータッチ・プッシュアップ

筋トレの基本である腕立て伏せ。ひざを床につけて行うことで、負荷を弱めている。ひじを曲げる角度は調節可。

ターゲット	大胸筋、上腕三頭筋、三角筋の前側
回数	20回
時間	20秒

①うつ伏せでひざをついて、ひじを伸ばす／肩幅の1.5倍にスタンスをとる

②ひじを曲げる

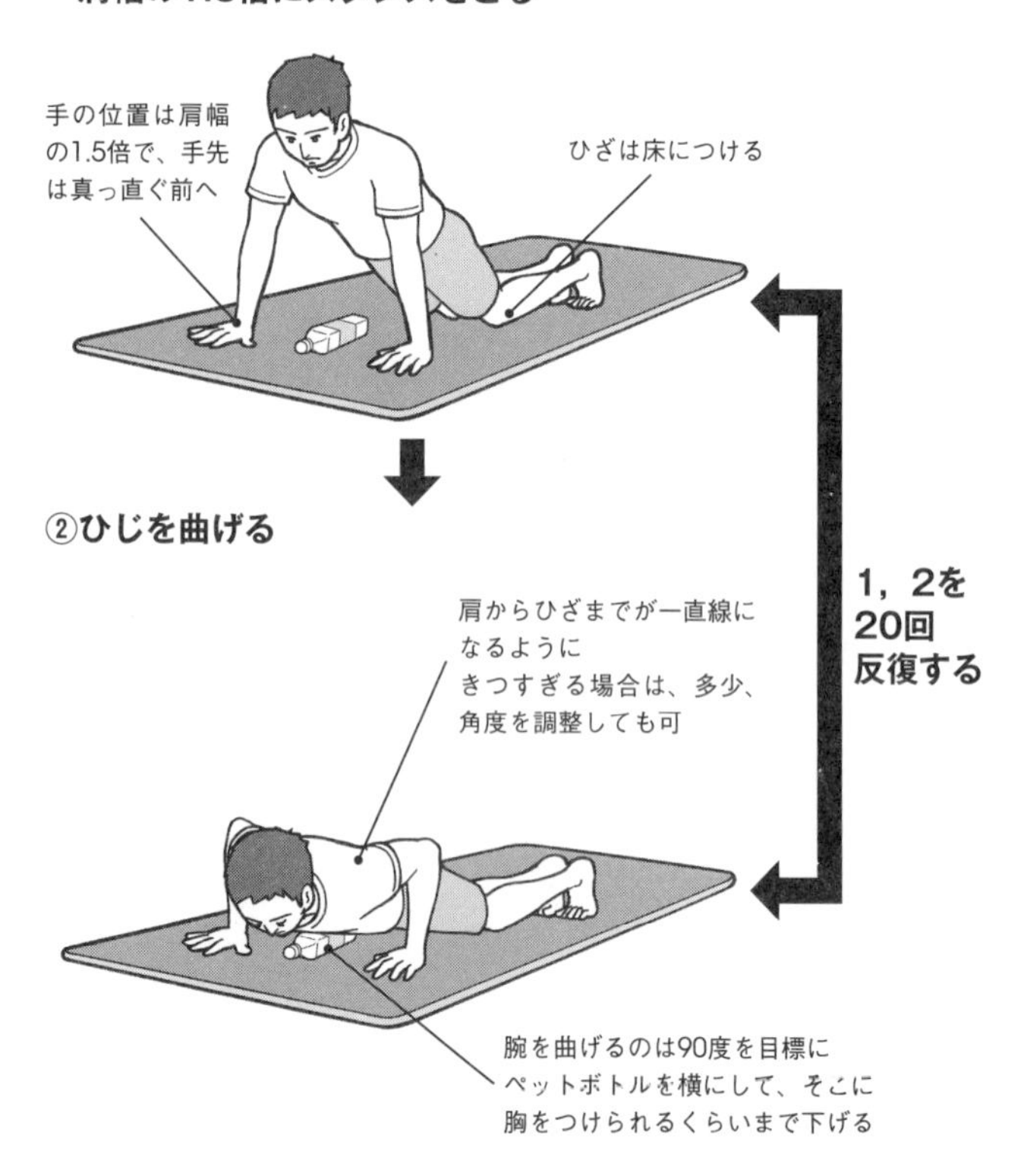

手の位置は肩幅の1.5倍で、手先は真っ直ぐ前へ
ひざは床につける
肩からひざまでが一直線になるように
きつすぎる場合は、多少、角度を調整しても可
1，2を20回反復する
腕を曲げるのは90度を目標に
ペットボトルを横にして、そこに胸をつけられるくらいまで下げる

Level1 初速　2　ニータッチ・クランチ

クランチは代表的な腹筋運動。腹直筋にダイレクトに働きかけ、頭を支える胸鎖乳突筋も鍛える。背骨を丸める感覚で行うのがコツ。

ターゲット	腹直筋、胸鎖乳突筋
回数	20回
時間	20秒

①ひざを曲げて仰向けになり、手を上に伸ばす

②伸ばした手がひざにつくように上体を起こす

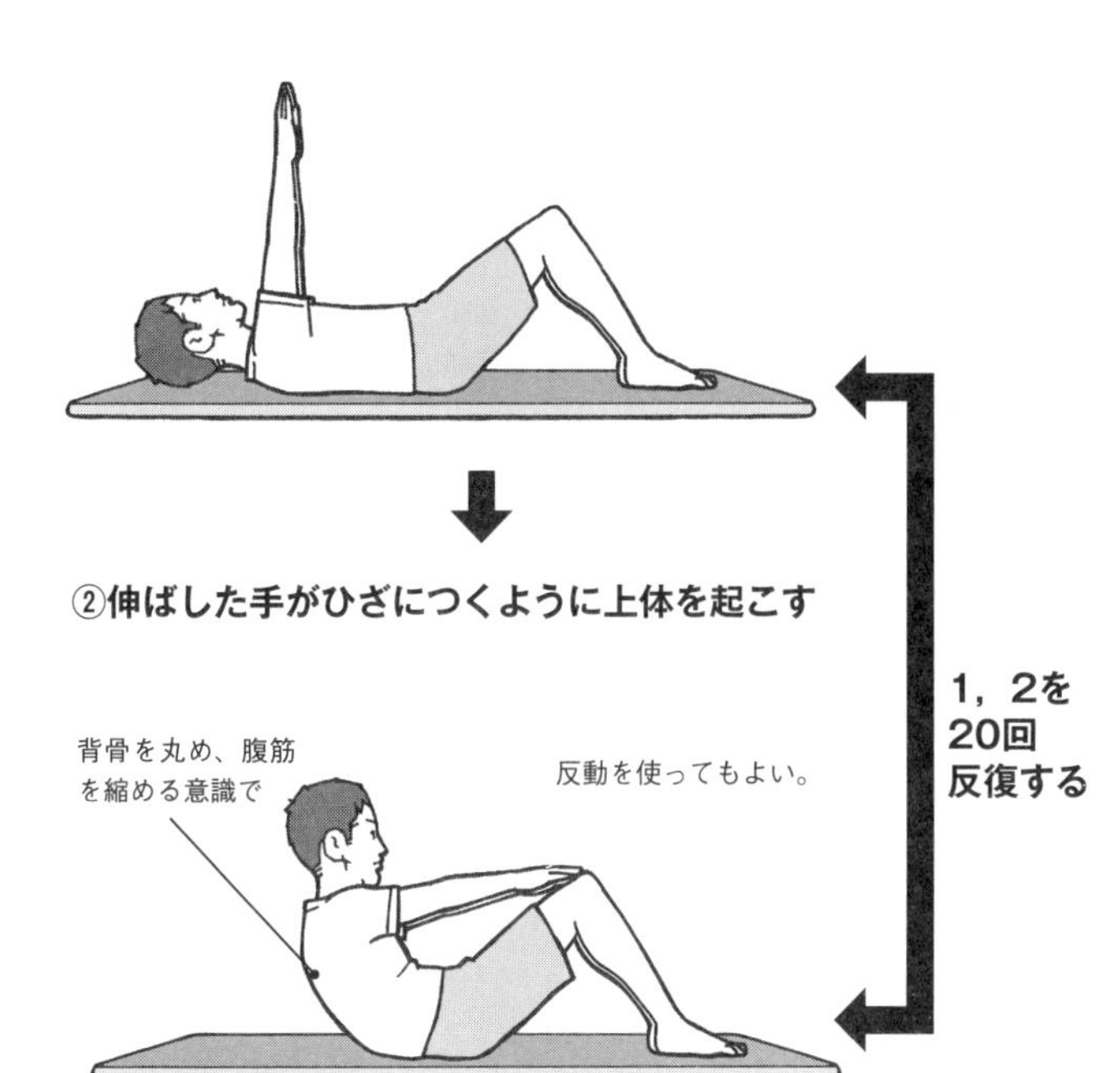
背骨を丸め、腹筋を縮める意識で
反動を使ってもよい。
1，2を20回反復する

Level1 初速 3 タオルラットプル

タオルを左右に引っ張ることで負荷をかけ、背中を鍛える。負荷が軽くならないよう、タオルを力の限り引っ張ること。

ターゲット	広背筋、大円筋、三角筋の後ろ側
回数	20回
時間	20秒

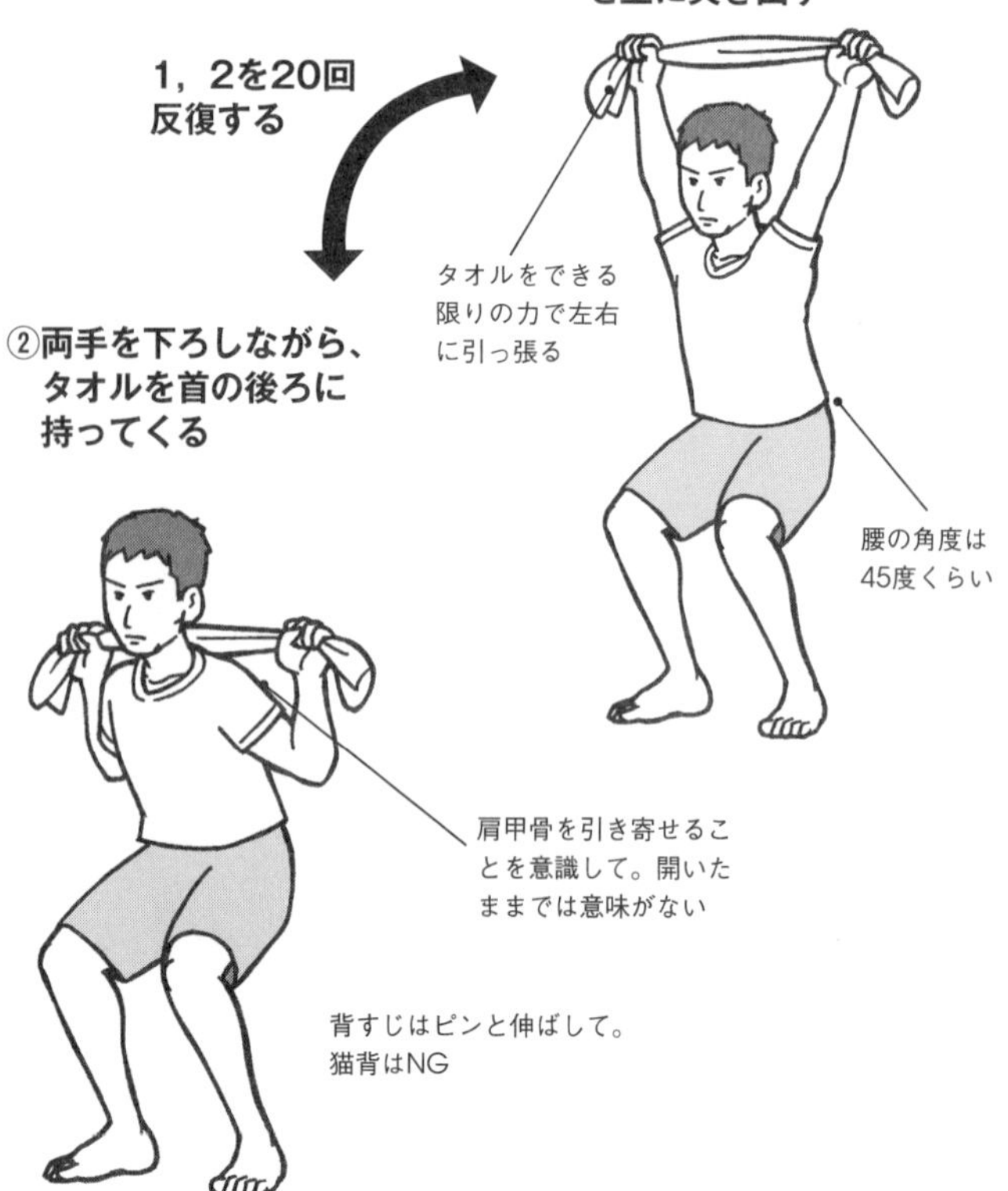
①タオルを握った両手を上に突き出す
1，2を20回反復する
タオルをできる限りの力で左右に引っ張る
②両手を下ろしながら、タオルを首の後ろに持ってくる
腰の角度は45度くらい
肩甲骨を引き寄せることを意識して。開いたままでは意味がない
背すじはピンと伸ばして。猫背はNG

Level1 初速 4 スプリットランジ

ひざを曲げながら腰を落としていくことで、太ももの前側に刺激を与える。ももの後ろ側も引き伸ばされる。

ターゲット	大腿四頭筋
回数	20回
時間	20秒

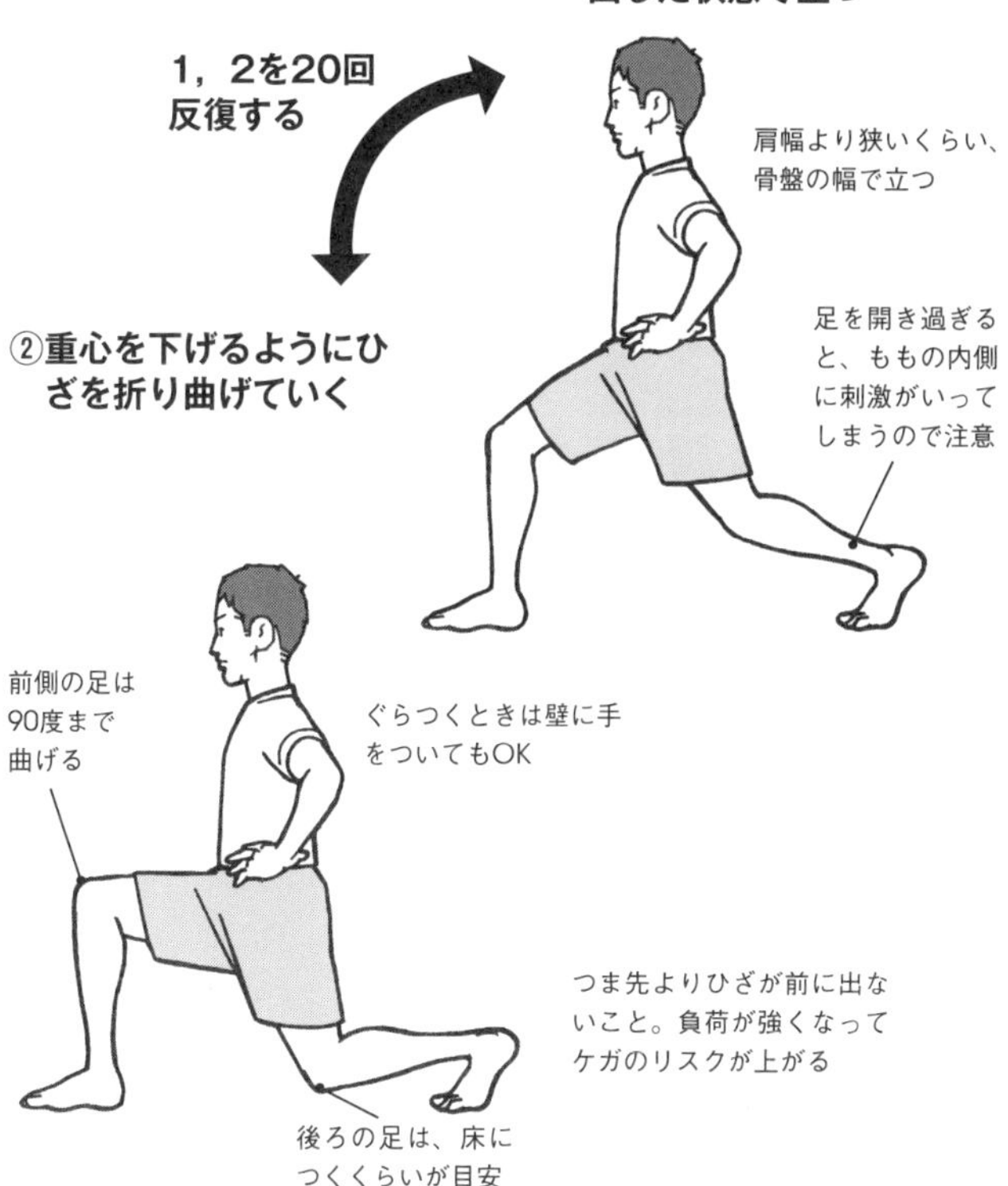
①片方の足を大きく踏み出した状態で立つ
1，2を20回反復する
肩幅より狭いくらい、骨盤の幅で立つ
足を開き過ぎると、ももの内側に刺激がいってしまうので注意
②重心を下げるようにひざを折り曲げていく
前側の足は90度まで曲げる
ぐらつくときは壁に手をついてもOK
つま先よりひざが前に出ないこと。負荷が強くなってケガのリスクが上がる
後ろの足は、床につくくらいが目安

【中速】速トレ・レベル❷

●所要時間：4分
●セット数：3セット
●ペース：3日に1回

全身をより強化する

「初速」の全メニューを4分30秒でこなせるようになり、筋肉のベースがある程度できたら、次のステップへ。

「中速」のプログラムは、**初速の内容を踏襲しながら、強度を上げています**。加えて、「スクワット・ジャンプ」のような新しい動きも登場します。強化すべきターゲットは初速と同じく、胸、お腹、背中、太もも。トレーニングの順番も同じです。

クリア目標タイムは4分（ジャンプを両足で行う分、回数が半減しているため）。かなりつらいとは思いますが、「中速」を乗り越えたときには、あなたのカラダは以前とは見違えるようになっているはずです。

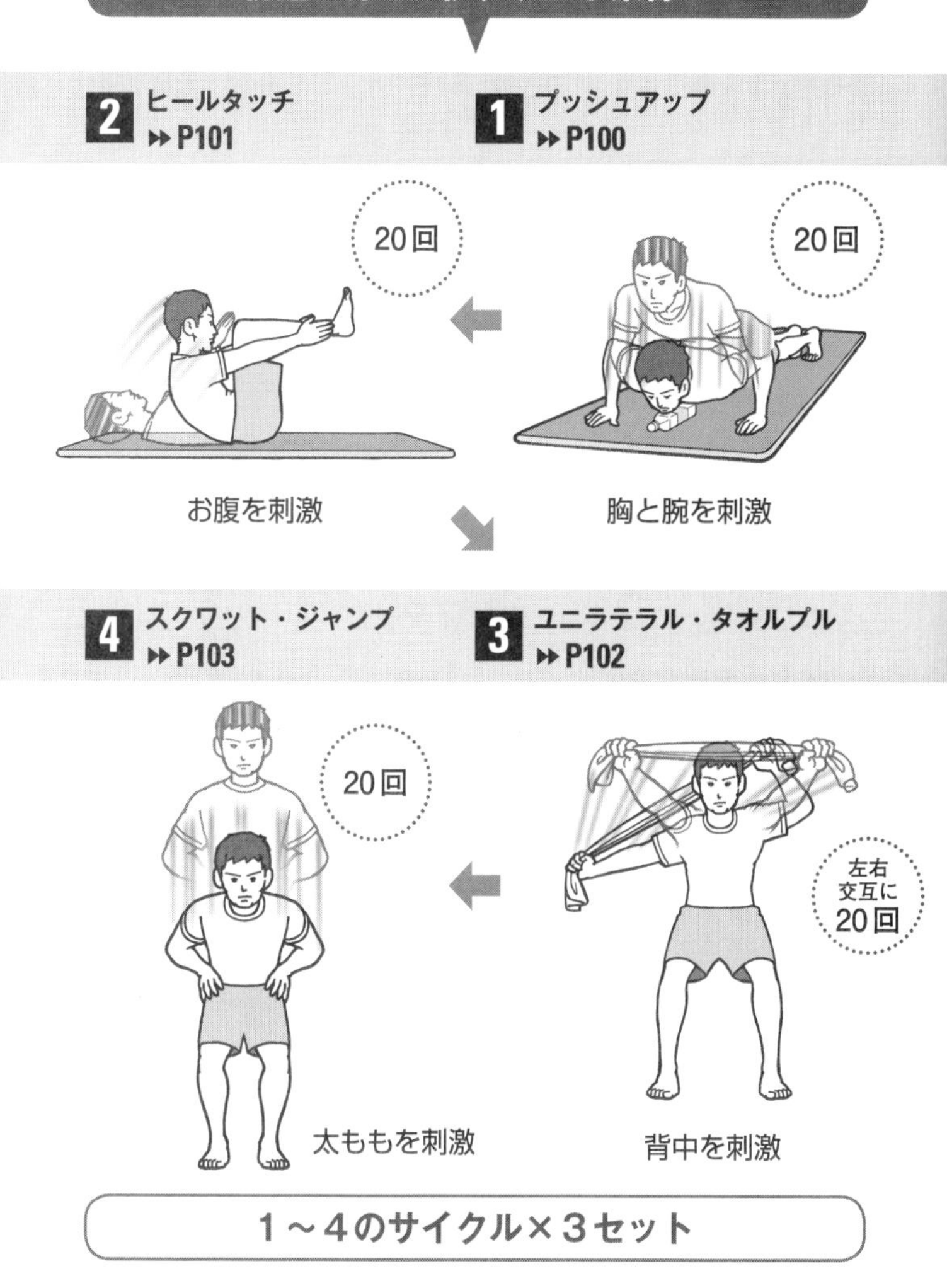
初速4分30秒クリアが条件！
1 プッシュアップ
▸▸P100
20回
胸と腕を刺激
2 ヒールタッチ
▸▸P101
20回
お腹を刺激
3 ユニラテラル・タオルプル
▸▸P102
左右交互に20回
背中を刺激
4 スクワット・ジャンプ
▸▸P103
20回
太ももを刺激
1～4のサイクル×3セット

Level2 中速　1　プッシュアップ

ひざを床につけずに行うことで強度をアップした腕立て伏せ。初速に比べて強度は約1.5倍に。

ターゲット	大胸筋、上腕三頭筋、三角筋の前側
回数	20回
時間	20秒

①肩幅の1.5倍の位置にスタンスをとる

②ひじを外側に向けて曲げる

肩からつま先は一直線
ひざを浮かせる
ペットボトルを横にして置く
1，2を
20回
反復する
左右の肩甲骨を
内側に寄せるの
がポイント
胸がペットボトルにつくくらいまで
腰を反らせたり、
おしりを上げ過ぎてはダメ

Level2 中速　2 ヒールタッチ

ひざへのタッチから、次はかかとへのタッチを目指す。タッチするターゲットポジションが遠くなる分、強度が増す。

ターゲット	腹直筋、胸鎖乳突筋
回数	20回
時間	20秒

①仰向けでひざを曲げ、手をひざの方に伸ばす

②伸ばした手がかかとにつくように、上体を起こす

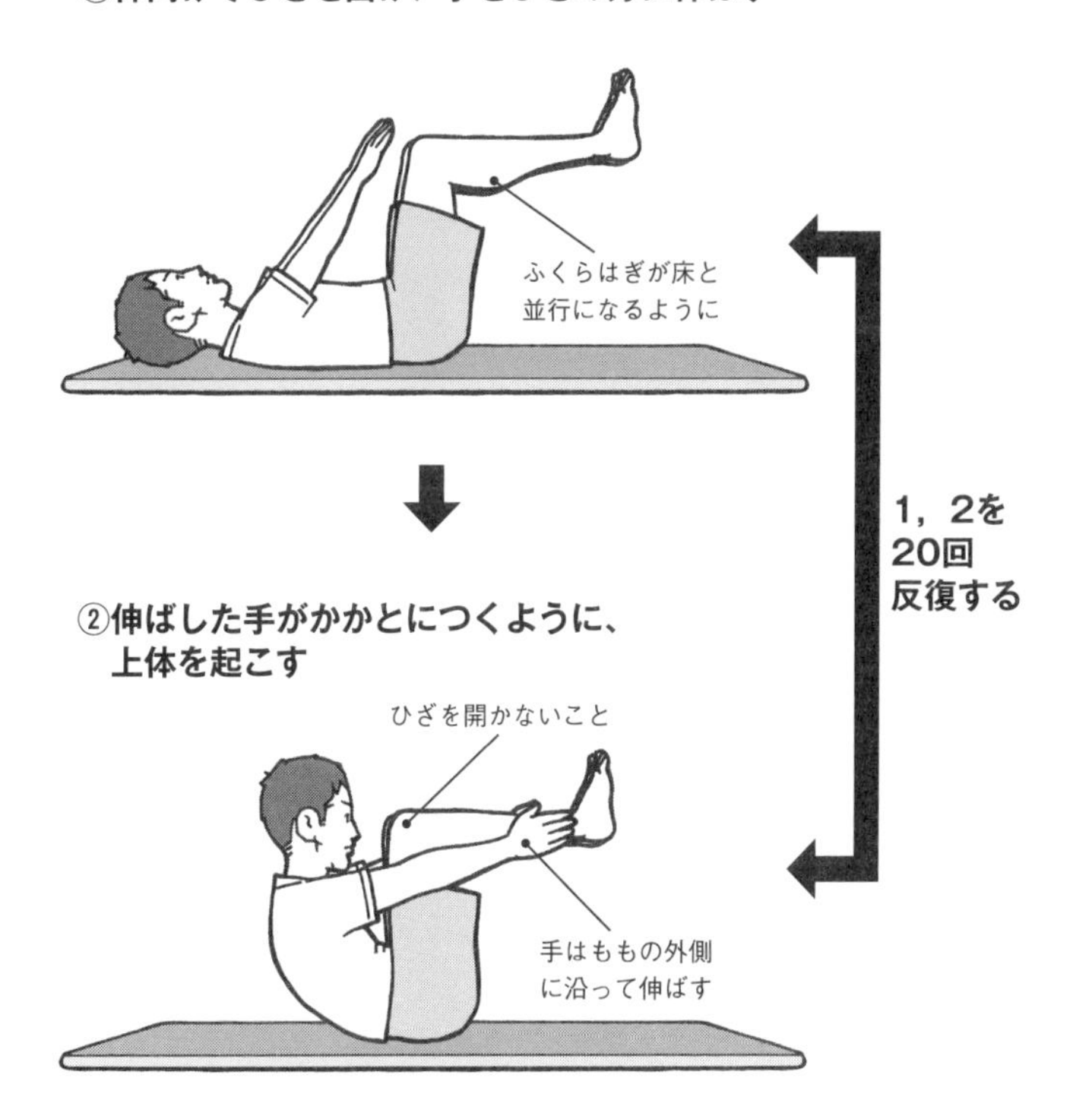
ふくらはぎが床と
並行になるように
1，2を
20回
反復する
ひざを開かないこと
手はももの外側
に沿って伸ばす

Level2 中速 3 ユニラテラル・タオルプル

タオルを引っ張る方向を、左右にずらすことで強弱を与え、負荷を上げている。左右を同様に交互に行う。

ターゲット	広背筋、大円筋、三角筋の後ろ側
回数	左右交互に20回
時間	20秒

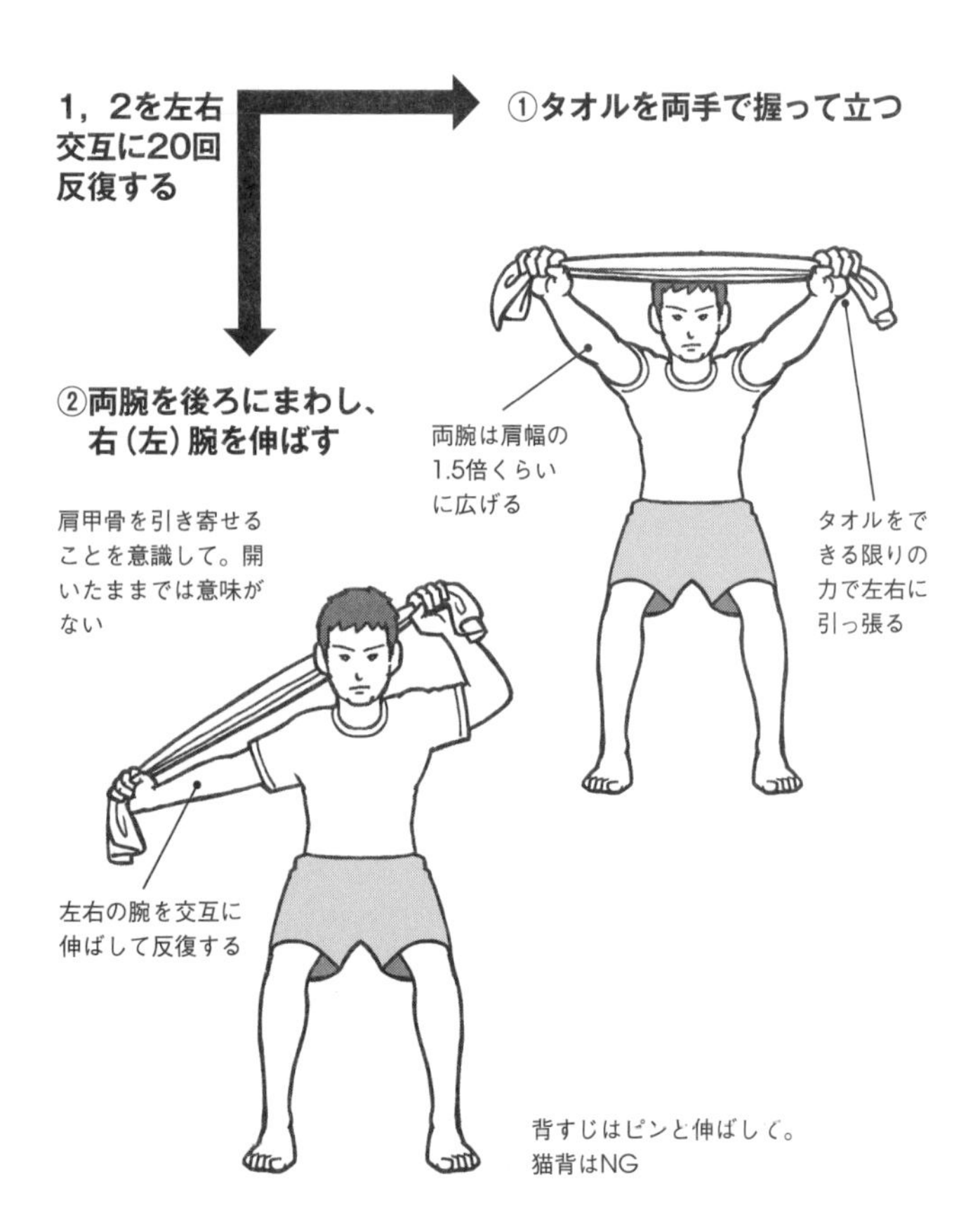
1，2を左右交互に20回反復する
①タオルを両手で握って立つ
②両腕を後ろにまわし、右（左）腕を伸ばす
両腕は肩幅の1.5倍くらいに広げる
タオルをできる限りの力で左右に引っ張る
肩甲骨を引き寄せることを意識して。開いたままでは意味がない
左右の腕を交互に伸ばして反復する
背すじはピンと伸ばして。猫背はNG

Level2 中速　4　スクワット・ジャンプ

両脚でのジャンプ。いわゆるクォータースクワット。着地のときにひざを曲げて軽くしゃがむようにする。

ターゲット	大腿四頭筋
回数	20回
時間	20秒

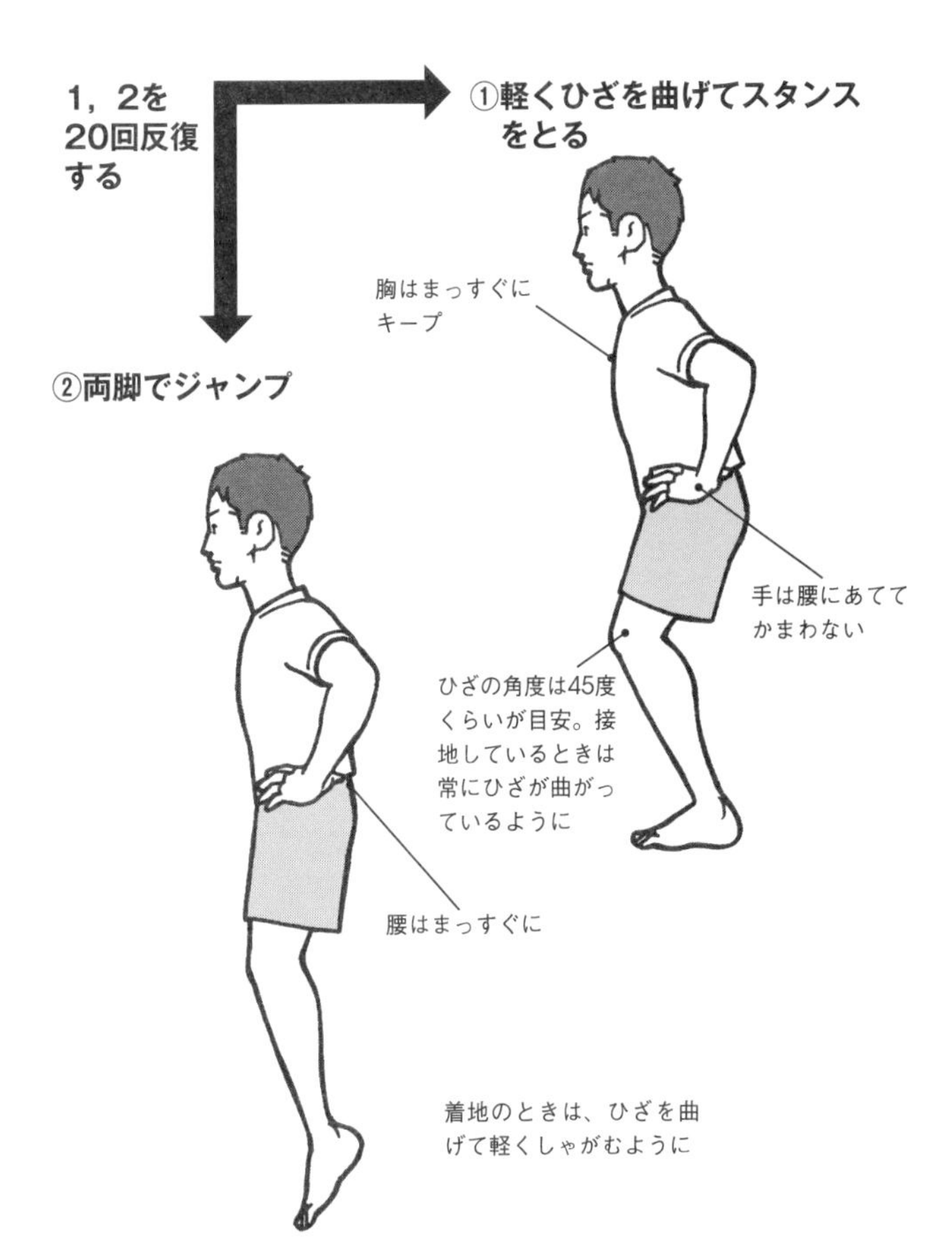
1，2を
20回反復
する
①軽くひざを曲げてスタンス
をとる
胸はまっすぐに
キープ
②両脚でジャンプ
手は腰にあてて
かまわない
ひざの角度は45度
くらいが目安。接
地しているときは
常にひざが曲がっ
ているように
腰はまっすぐに
着地のときは、ひざを曲
げて軽くしゃがむように

【爆速】速トレ・レベル❸

●**所要時間**：5分
●**セット数**：3セット
●**ペース**：3日に1回

目指せ、アスリート・レベル！

いよいよ、「速トレ」スタンダード・プログラムの最終段階。

これまでの初速、中速に比べて、「爆速」はさらにワンアクション増えています。その分、スピードアップが必要に。

まったく新しいタイプの運動もありますが、鍛える部位の順番はこれまでと同じです。**各メニューの中の動きもより複雑になり、強度を増しています**。間違えたフォームで行うとケガにつながる恐れもあるので、正しいフォームをしっかり守ってトレーニングしましょう。4分30秒がクリアできれば、夢のシックス・パックもあなたのものに。

これができればアスリート！

1 ハンドクラップ・プッシュアップ
▸▸P106

2 ピークタッチ
▸▸P107

20回
20回

胸と腕を刺激

お腹を刺激

3 エルボースタンディング
▸▸P108

4 スプリットジャンプ
▸▸P109

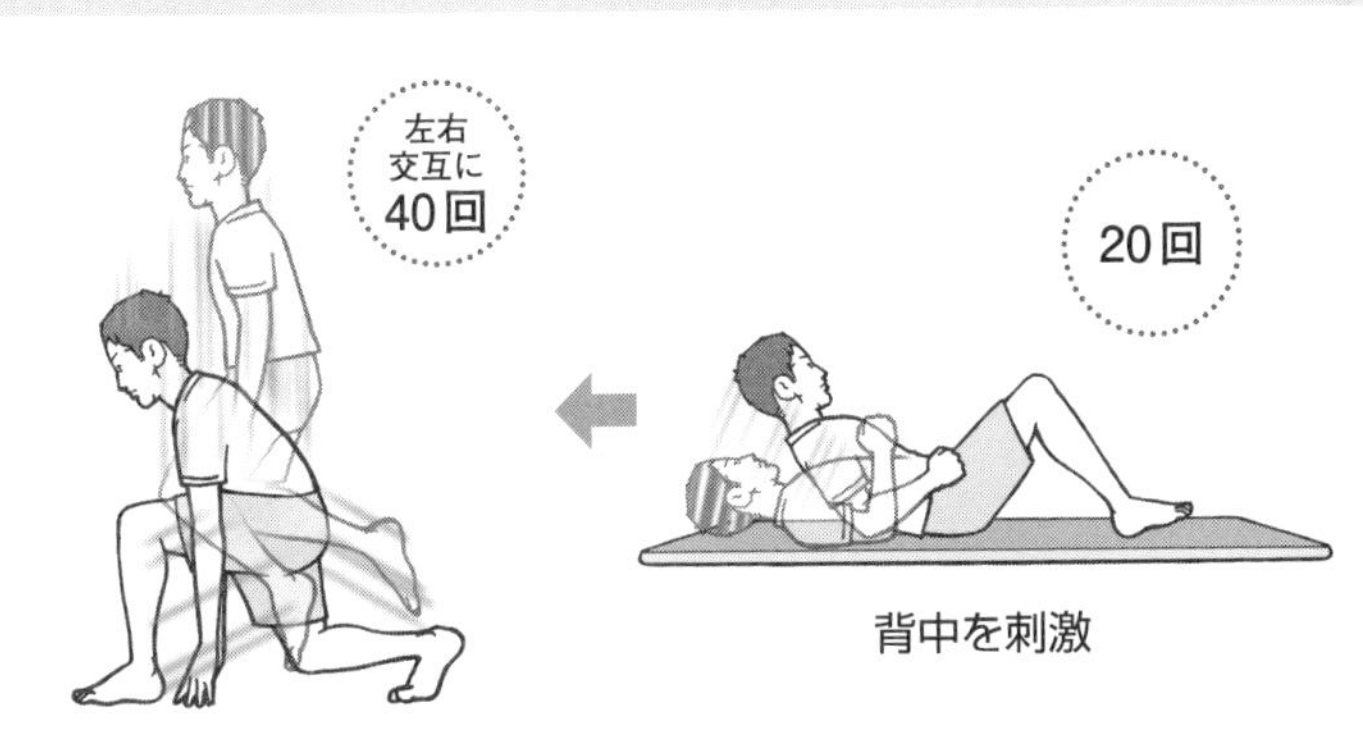
20回
左右
交互に
40回

背中を刺激

太ももを刺激

1～4のサイクル×3セット

Level3 爆速

1 ハンドクラップ・プッシュアップ

プッシュアップの途中で拍手をすることで強度をアップ。浮かび上がった際の位置エネルギーを、胸と腕で受け止める分、負荷が高まる。

ターゲット	大胸筋、上腕三頭筋、三角筋の前側
回数	20回
時間	20秒

①プッシュアップのひじをたたんだ状態からスタート

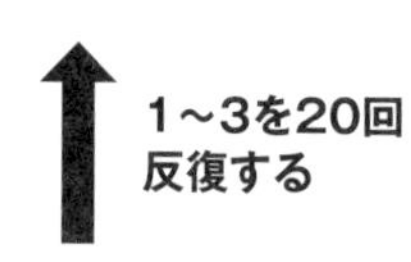

②手でジャンプするように上半身を浮かせる

1～3を20回反復する

③拍手を1回して、両手をつき、ひじをたたむ

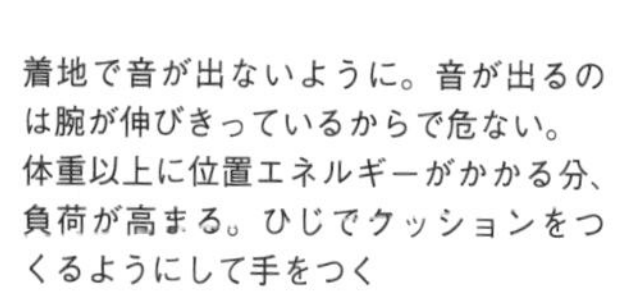

着地で音が出ないように。音が出るのは腕が伸びきっているからで危ない。体重以上に位置エネルギーがかかる分、負荷が高まる。ひじでクッションをつくるようにして手をつく

Level3 爆速　2　ピークタッチ

上方向に上体を起こす腹筋運動。勢いをつけて速く上げることで、筋肉の収縮をマックスにする。

ターゲット	腹直筋、胸鎖乳突筋
回数	20回
時間	20秒

①ひざを90度に曲げた状態で仰向けになる

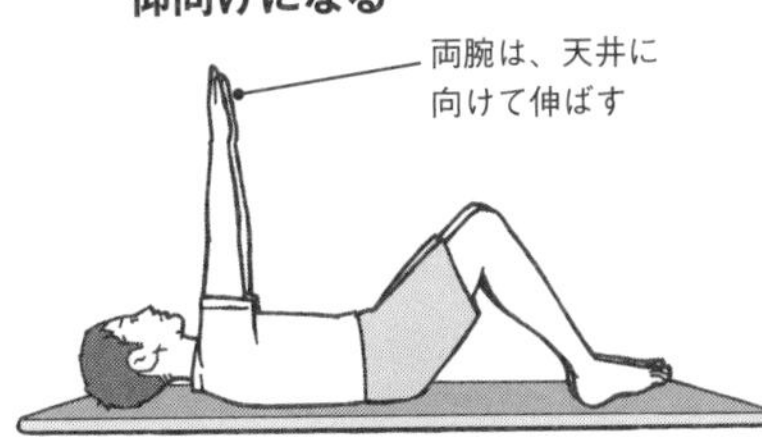
両腕は、天井に
向けて伸ばす

②勢いをつけて腕を伸ばしたまま上体を起こす

いちばん高い位置を
目指して、できるだ
けピークを高くする
ように手を伸ばす

1〜3を20回反復する

③上体を起こし切ったら、もとに戻す

完全に起き上がり切
ると収縮がゆるんで
しまうので注意

Level3 爆速　3 エルボースタンディング

ひじを使って、寝た状態から体を起こすことで背中を強化。腹筋を使わないようにするのがポイント。

ターゲット	広背筋、菱形筋
回数	20回
時間	20秒

①仰向けになり、ひじを90度に曲げる

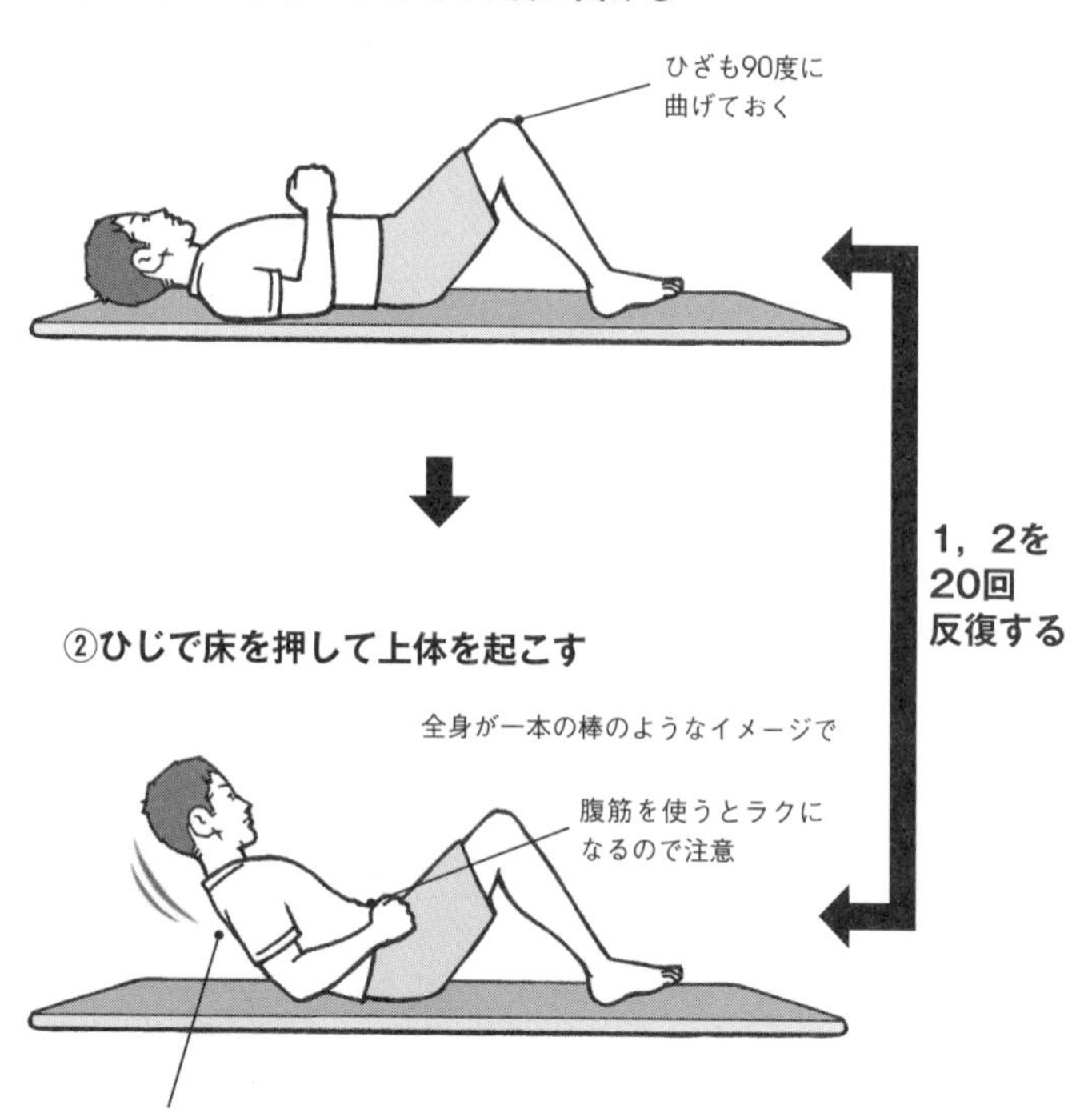
ひざも90度に
曲げておく
1，2を
20回
反復する
全身が一本の棒のようなイメージで
腹筋を使うとラクに
なるので注意
肩甲骨を寄せて、胸
を張っていくように

②ひじで床を押して上体を起こす

Level3 爆速　4　スプリットジャンプ

ジャンプをしながら両脚の位置を入れ替える。大きなステップに上下動が加わるので負荷が強まる。

ターゲット	大腿四頭筋、大殿筋
回数	左右交互に40回
時間	40秒

①片方の脚を前に出して、ひざを90度に曲げ、両手を床についてスタンバイ

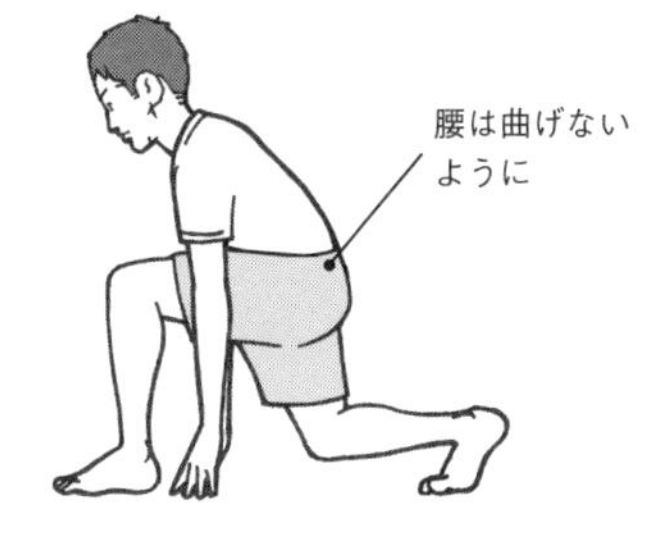
腰は曲げない
ように

②ジャンプ

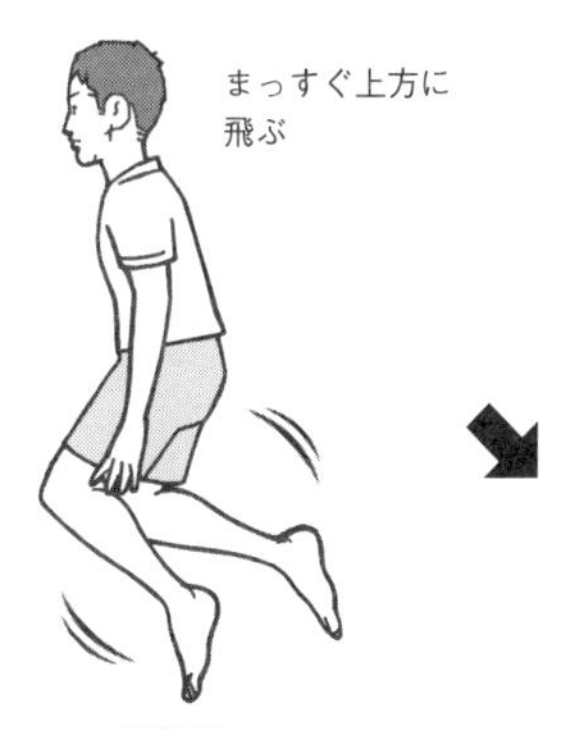
まっすぐ上方に
飛ぶ

1～3を左右交互に40回反復する

③前足と後ろ足を入れ替えて着地。着地のときに、前足をしっかり90度に曲げ、両手で床にタッチして上体を前傾

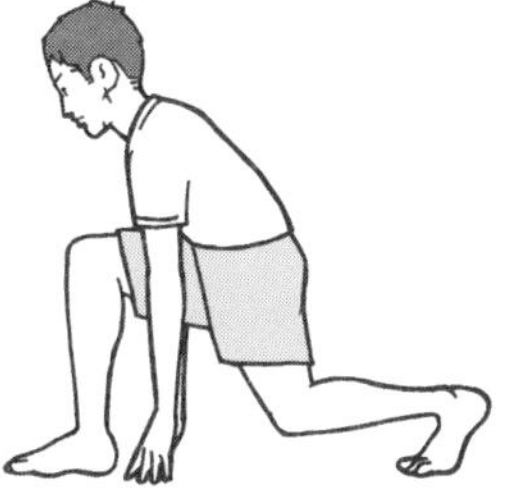

02 気になる部位を効果的に鍛える！ 部位別の速トレ

ここからは、部位別の「速トレ」について、お話しします。

「速トレ」の「中速コース」を時間内でこなせるようになれば、ほぼ基本のボディメイクが完成しつつあると言っていいでしょう。さらに強度を上げて全体の筋肉量を増やす一方で、より明確にボディラインをつくりこんでいきたいという人も出てきたことと思います。

そんな方におすすめなのが、「パーツ別プログラム」です。

「もっと胸を厚くして、逆三角形のカラダにしたい」「水着でさっそうと歩きたい」「ジーンズをカッコよくはきこなしたい」

そんな願望を叶えるべく、気になる部位を集中的に強化します。

パーツ別のプログラムでは、次の3コースをラインナップ。すなわち、厚い胸や逆三角形のシルエットをつくる「ウエ速・たくましい上半身コース」、ウエストまわりをスッキリさせる「ハラ速・お腹引き締めコース」、おしりとももののラインをつくり上げる「アシ速・ブレない下半身コース」の三つです。

ならば、「『スタンダード・プログラム』を飛ばして、いきなり鍛えたいところだけ鍛えてもいいじゃないか」と思われるかもしれません。でも、ちょっと待って。

部位別速トレの強度はいずれも、スタンダード・プログラムのレベルで言うと、「中速コース」と同等か、もう少し上くらいのレベル。**ある程度筋肉がついてから取り組まないと、負荷が強すぎ、そのためケガをする可能性もあります**。ですから、「中速」をクリアしてからチャレンジするようにしてください。

パーツ別プログラムの3コースは、いずれも基本4種目。これらをスタンダード・プログラムと同様に、インターバルなしのサーキットトレーニングで3セット行います。パーツが全身に散っていない分、スタンダードよりもきつく感じるかもしれませんが、3〜4回続けていくと慣れてくると思います。

「『爆速』はちょっとハード過ぎる……」と感じた方や、「初速」「中速」に取り組んできたなかで「ここをもうちょっと鍛えたいなぁ」という部位が出てきた方に最適なプログラムと言えます。

【ウエ速】たくましい上半身コース

●**所要時間**：6分
●**セット数**：3セット
●**ペース**：3日に1回

逆三角形のボディラインに

上半身コースの「ウエ速」では、主に胸、腕、肩を鍛えます。

大胸筋(だいきょうきん)はスタンダードの「中速」と同様、プッシュアップで刺激しますが、腕の表側の上腕二頭筋(じょうわんにとうきん)、裏側の上腕三頭筋(じょうわんさんとうきん)、肩の三角筋(さんかくきん)は、タオルを使って強化します。

タオルは左右、あるいは上下に引っ張ることで強度が増す効果があるので、思いっきり、力の限り引っ張ってください。

引っ張るだけでも筋肉への刺激にはなりますが、制止したままでは筋肉肥大は少なめ。**負荷をかけながら少しでも動かす**ことが、筋肉を増やすポイントです。

胸や腕、肩まわりを中心に！

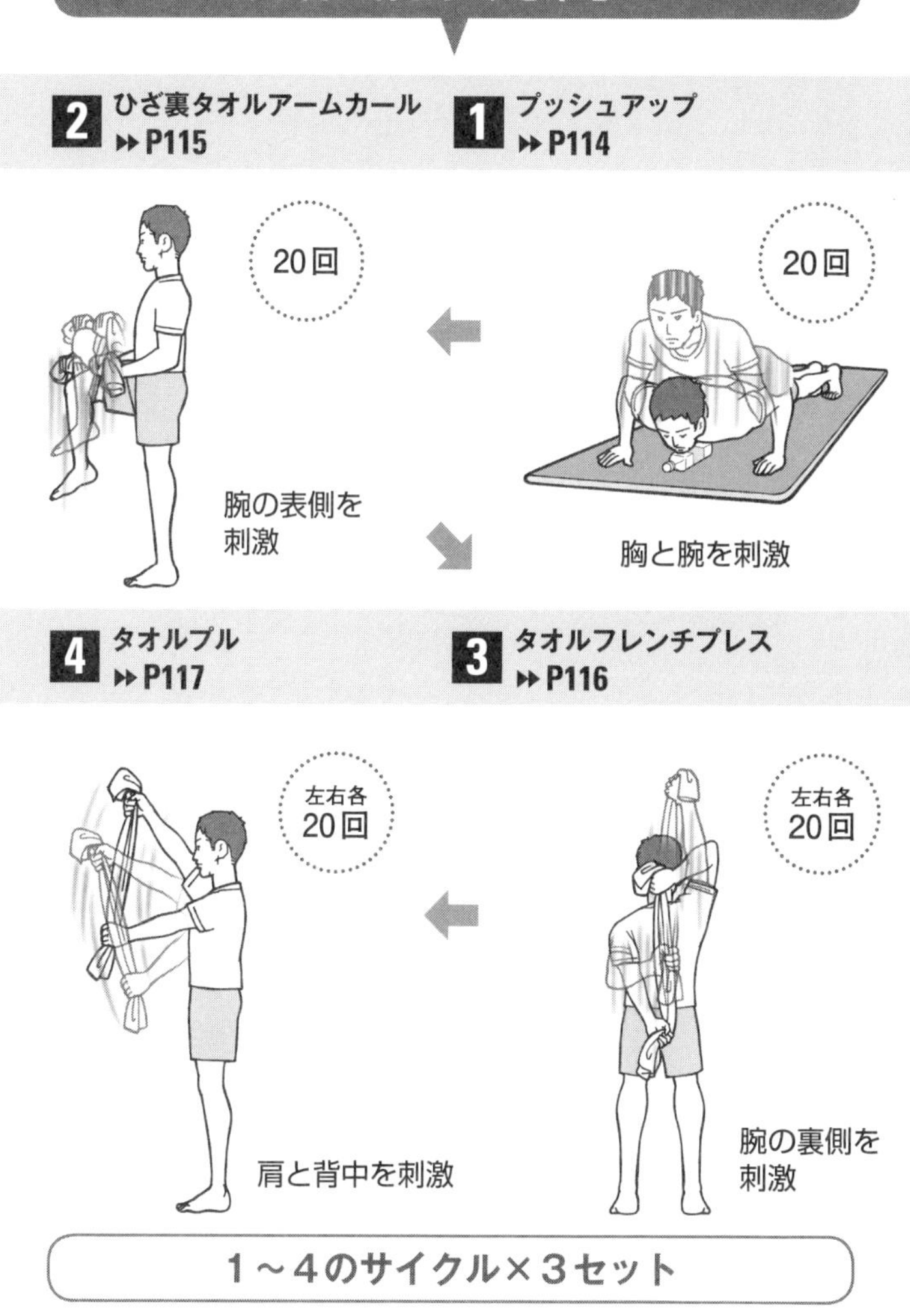
1 プッシュアップ
▶▶P114
20回
胸と腕を刺激
2 ひざ裏タオルアームカール
▶▶P115
20回
腕の表側を
刺激
3 タオルフレンチプレス
▶▶P116
左右各
20回
腕の裏側を
刺激
4 タオルプル
▶▶P117
左右各
20回
肩と背中を刺激
1～4のサイクル×3セット

上半身ウエ速 1 プッシュアップ(胸と腕)

「中速」でも紹介したプッシュアップ。ひざを床につけずに行うことで、強度をアップした腕立て伏せ。

ターゲット	大胸筋、上腕三頭筋、三角筋の前側
回数	20回
時間	20秒

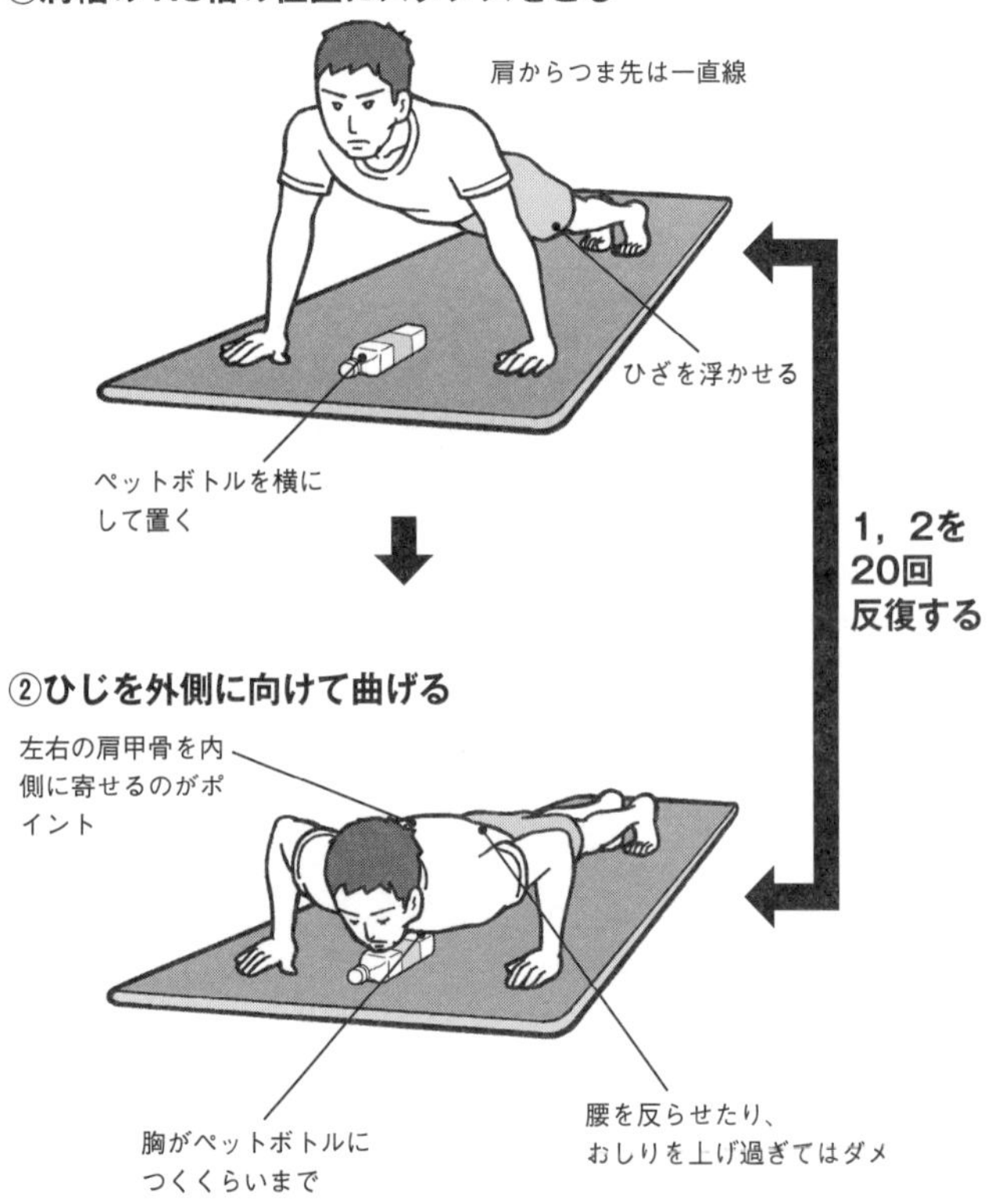

①肩幅の1.5倍の位置にスタンスをとる
肩からつま先は一直線
ひざを浮かせる
ペットボトルを横にして置く
1，2を20回反復する
②ひじを外側に向けて曲げる
左右の肩甲骨を内側に寄せるのがポイント
胸がペットボトルにつくくらいまで
腰を反らせたり、おしりを上げ過ぎてはダメ

上半身 ウエ速　2　ひざ裏タオルアームカール（腕の表側）

ひざ裏にかけたタオルを引き上げることで、上腕を鍛える。脚の下向きの力と重力が負荷となる。

ターゲット	上腕二頭筋
回数	20回
時間	20秒

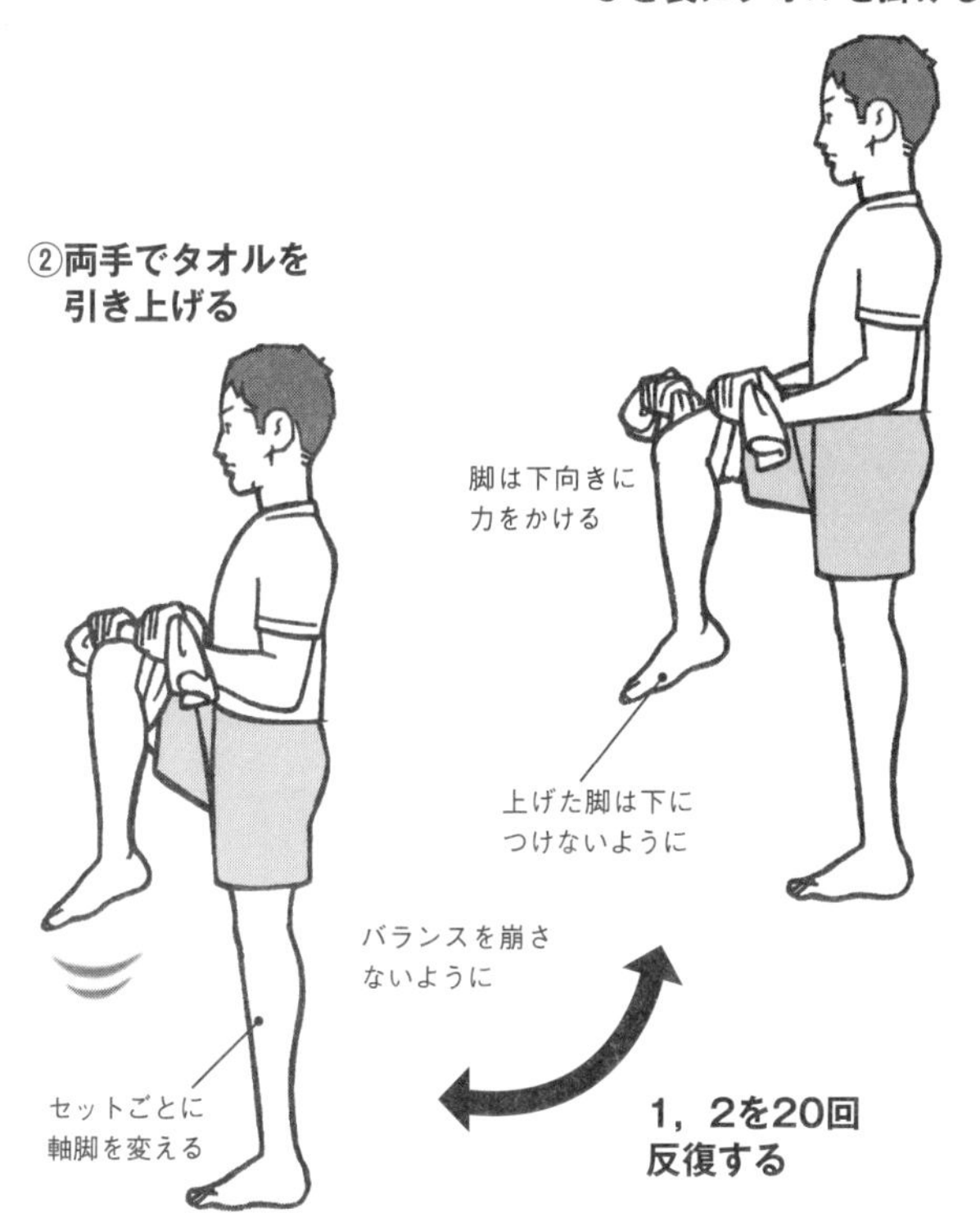
①片方の脚を上げて、
ひざ裏にタオルを掛ける
②両手でタオルを
引き上げる
脚は下向きに
力をかける
上げた脚は下に
つけないように
バランスを崩さ
ないように
セットごとに
軸脚を変える
1，2を20回
反復する

上半身 ウエ速　3 タオルフレンチプレス（腕の裏側）

ダンベルを首の後ろ側で上下させて腕を刺激するフレンチプレスのタオル版。柔軟性も養われる。

ターゲット	上腕三頭筋
回数	左右20回ずつ
時間	40秒

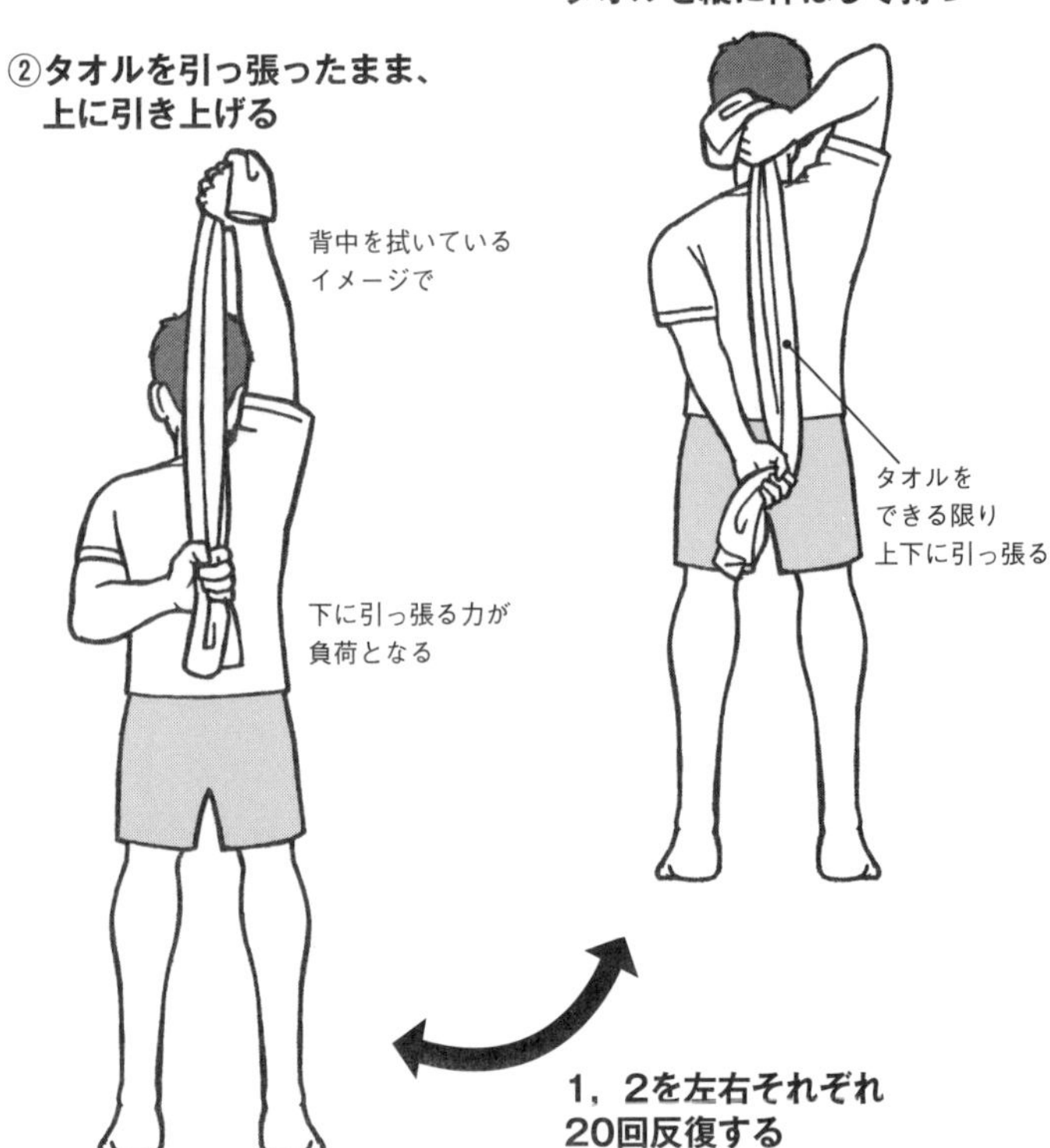
①両腕を背中にまわし、タオルを縦に伸ばして持つ
②タオルを引っ張ったまま、上に引き上げる
背中を拭いているイメージで
下に引っ張る力が負荷となる
タオルをできる限り上下に引っ張る
1，2を左右それぞれ20回反復する

上半身ウエ速 4 タオルプル(肩と背中)

タオルを縦に持って、引っ張り合った状態で上下させ、肩や背中の筋肉を鍛える。

ターゲット	三角筋、広背筋
回数	左右20回ずつ
時間	40秒

1，2を左右それぞれ20回反復する

①タオルを体の前で縦に伸ばして持つ

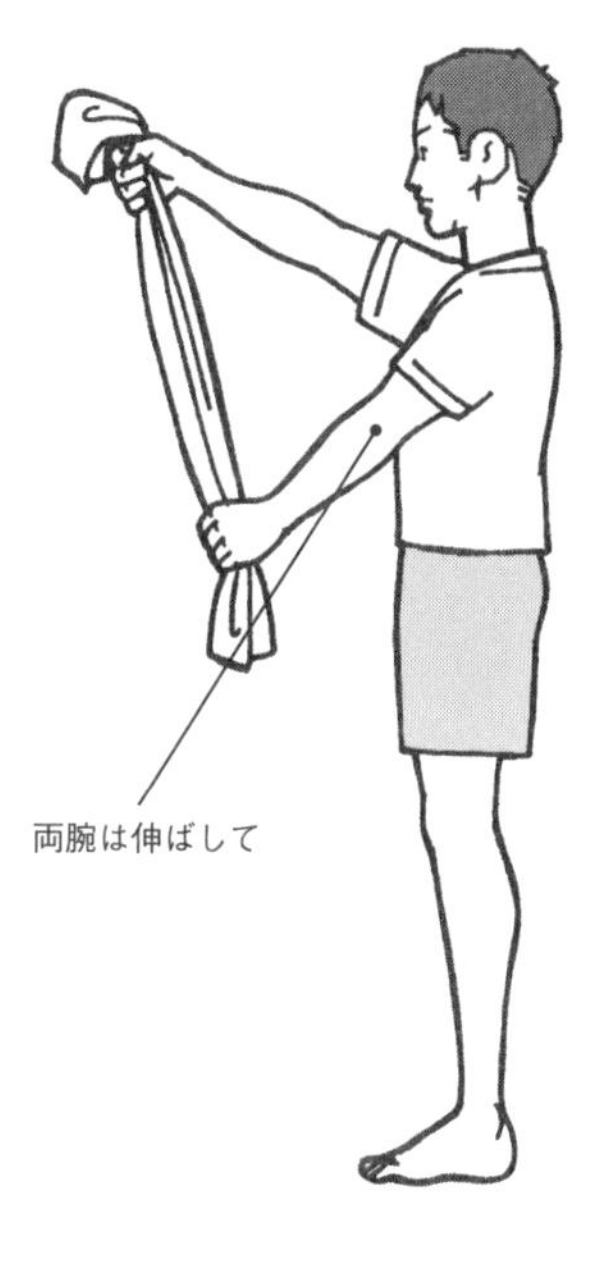
両腕は伸ばして

②タオルを上下に引っ張りながら、両腕を上げていく

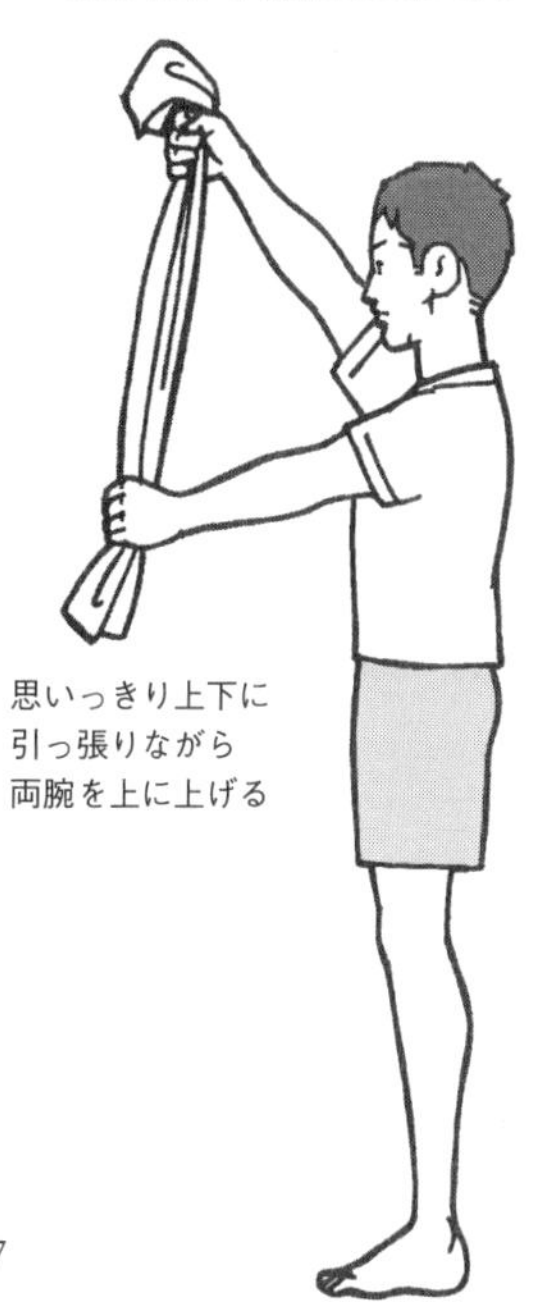
思いっきり上下に
引っ張りながら
両腕を上に上げる

【ハラ速】お腹引き締めコース

●所要時間：5分
●セット数：3セット
●ペース：3日に1回

夢のシックス・パックを手に入れよう

純粋に「腹部」だけを鍛えようとすると、相当にきつくなってしまいます。なので、ここではウエスト全体、お腹をへこませることに主眼を置きます。

効率よくへこませるために、お腹を、前の上部、前の下部、側面、後ろ側と4つのパーツに分けて、それぞれのパーツに働きかけるようにトレーニングします。4方向すべてを強化することで、ウエストまわりが美しく引き締まります。**〝筋肉のコルセット〟をつくるようなイメージ**でしょうか。

ぽっこりと出ていた下腹やどーんとボリュームのある太鼓腹を解消したら、次はいよいよ、夢のシックス・パックに向けて頑張りましょう。

筋肉のコルセットをつくる！

1 ヒールタッチ
▸▸P120

2 ヒップリフト・サイドベント
▸▸P121

20回
左右各
20回

お腹（前の上部）を刺激

お腹（横）を刺激

3 ニートゥチェスト
▸▸P122

4 プローン・バックエクステンション
▸▸P123

20回
20回

お腹（前の下部）を刺激

背中を刺激

1～4のサイクル×3セット

お腹
ハラ速

1　ヒールタッチ（お腹・前の上部）

「中速」でも紹介したヒールタッチ。かかとへのタッチを目指す。タッチするターゲットポジションが遠くなる分、強度が増す。

ターゲット	腹直筋、胸鎖乳突筋
回数	20回
時間	20秒

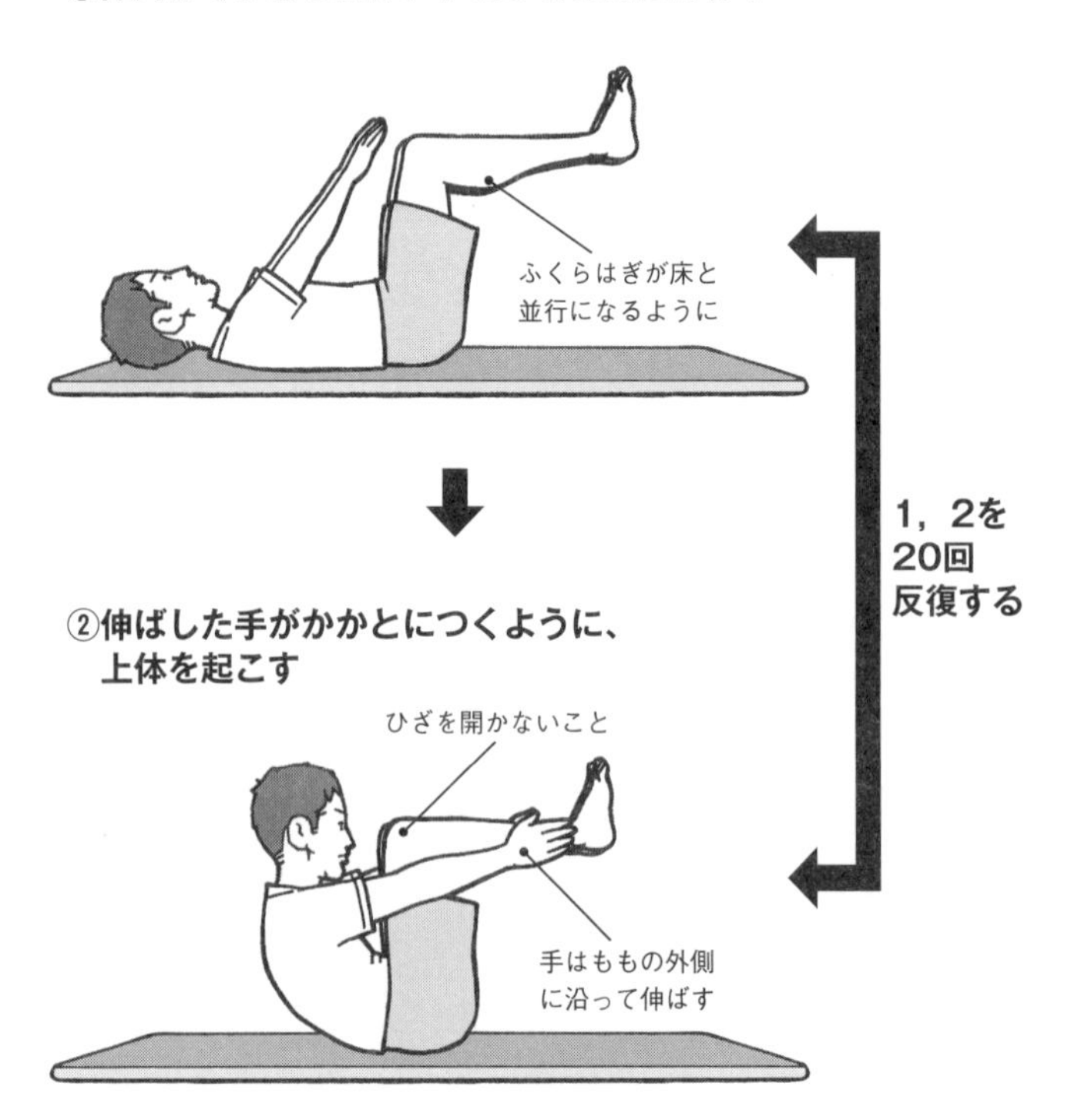
①仰向けでひざを曲げ、手をひざの方に伸ばす
ふくらはぎが床と
並行になるように
1，2を
20回
反復する
②伸ばした手がかかとにつくように、
上体を起こす
ひざを開かないこと
手はももの外側
に沿って伸ばす

お腹ハラ速　2　ヒップリフト・サイドベント（お腹・横）

横を向いたままでおしりを上げることで、体の側面を鍛え、ウエストをグッと引き締める。

ターゲット	腹斜筋
回数	左右20回ずつ
時間	40秒

①横向きに寝て、片ひじになって上体を起こす

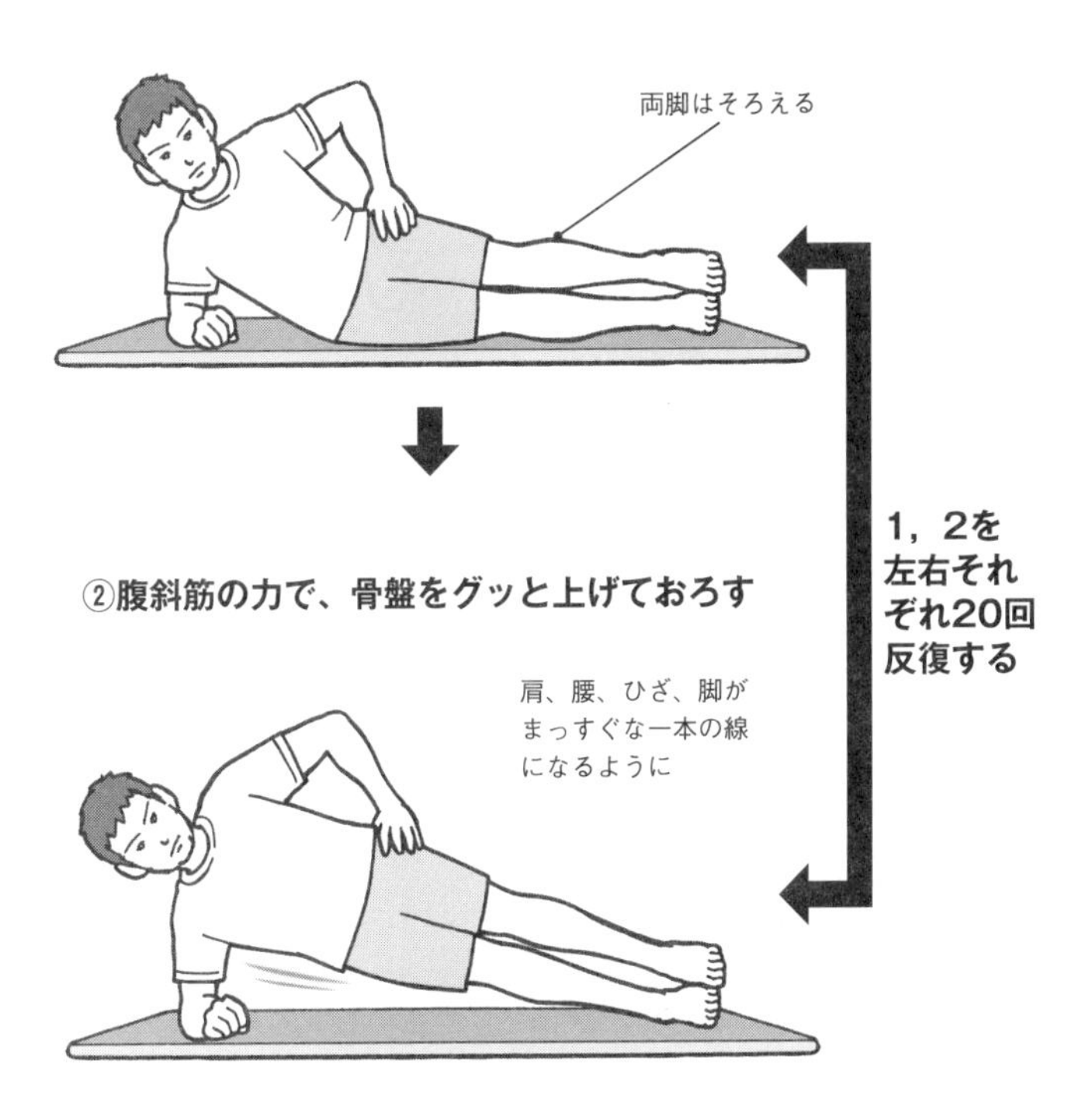
両脚はそろえる
②腹斜筋の力で、骨盤をグッと上げておろす
肩、腰、ひざ、脚がまっすぐな一本の線になるように
1，2を左右それぞれ20回反復する

お腹ハラ速　3　ニートゥチェスト（お腹・前の下部）

胸にひざを引き寄せる動作で、下腹部に働きかける。ゆるんだ下腹を引き締めるのに効果的。

ターゲット	腹直筋下部、腸腰筋
回数	20回
時間	20秒

①床に座り、ひざを軽く曲げる

②脚を引き上げ、ひざを胸に引き寄せる

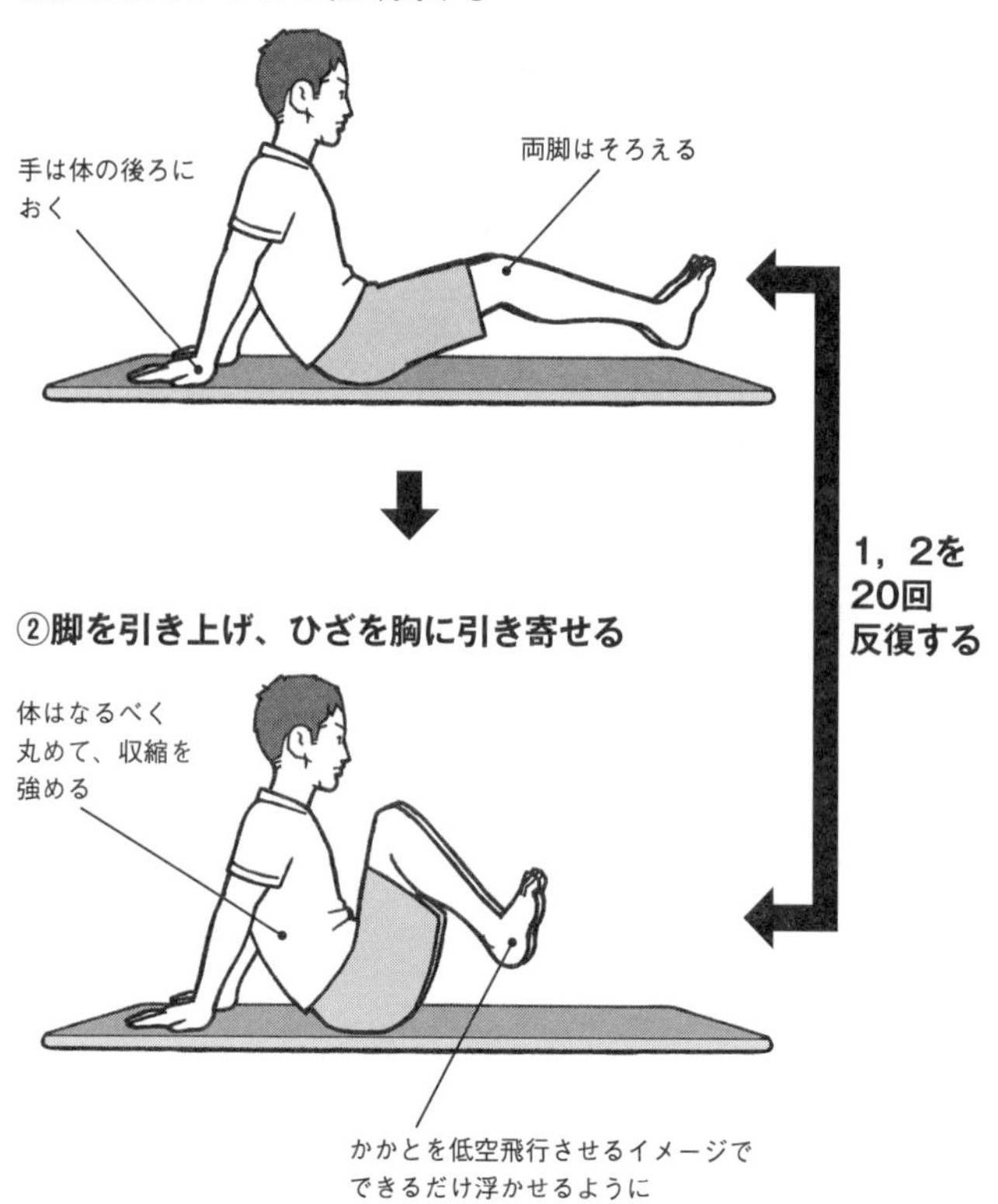
手は体の後ろに
おく
両脚はそろえる
1，2を
20回
反復する
体はなるべく
丸めて、収縮を
強める
かかとを低空飛行させるイメージで
できるだけ浮かせるように

お腹ハラ速　4　プローン・バックエクステンション（背中）

うつぶせになって両手両脚を上げる背筋運動の一種。背中に力を入れるよう意識するのがコツ。

ターゲット	脊柱起立筋
回数	20回
時間	20秒

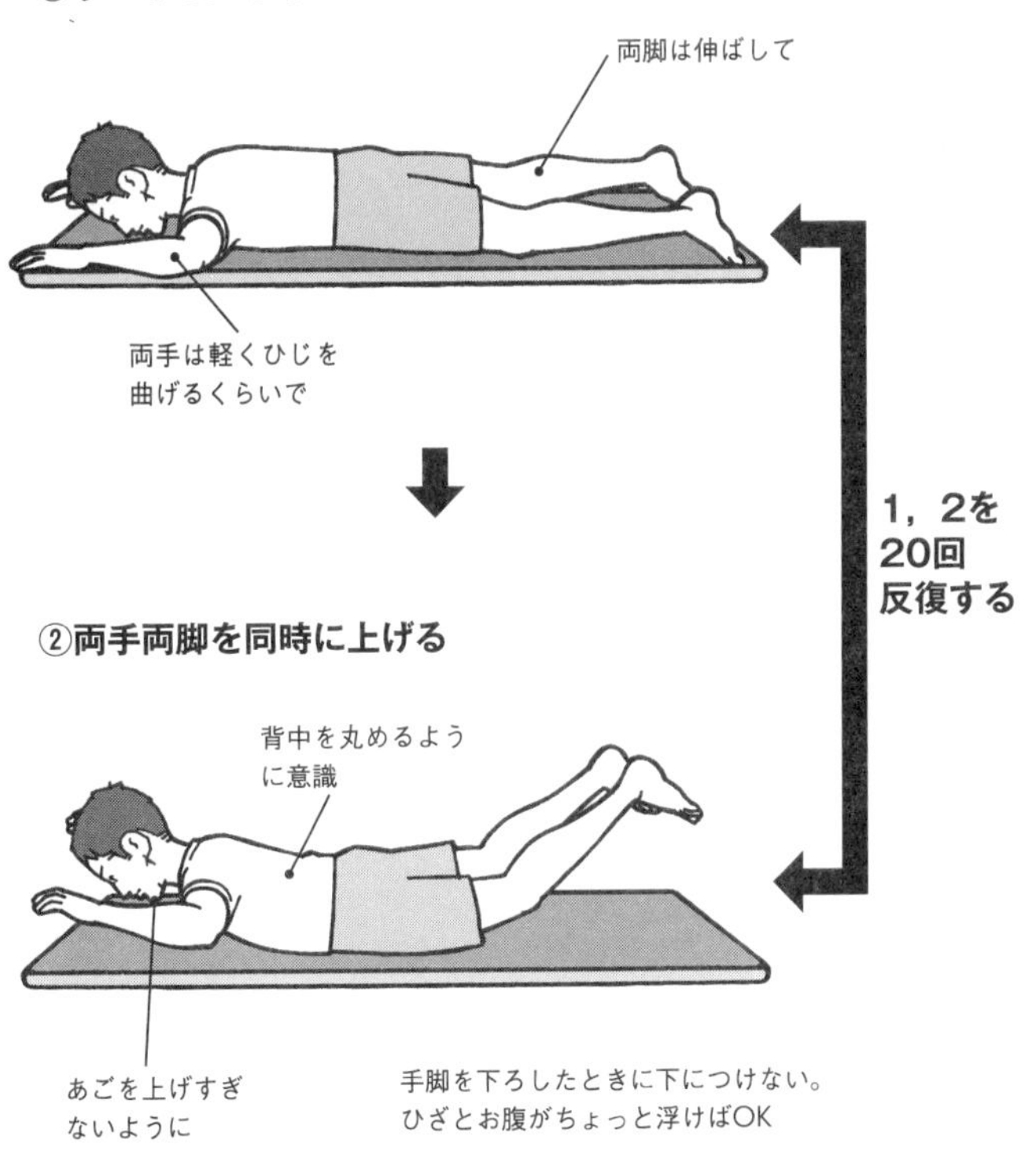
①うつぶせになる
両脚は伸ばして
両手は軽くひじを
曲げるくらいで
1，2を
20回
反復する
②両手両脚を同時に上げる
背中を丸めるよう
に意識
あごを上げすぎ
ないように
手脚を下ろしたときに下につけない。
ひざとお腹がちょっと浮けばOK

【アシ速】ブレない下半身コース

●所要時間：6分
●セット数：3セット
●ペース：3日に1回

ジーンズの似合うキュッと上がったヒップに

ヒップ位置が高く、ももにハリがある――ジーンズが似合うかどうかは後ろ姿で決まると言ってもいいでしょう。年を重ねても、ジーンズをカッコよくはきこなしている人は、下半身にしっかりとしたハリがあります。太もも前、おしり、内もも、太ももの裏を鍛えて、ブレない、ハリのある下半身づくりを目指しましょう。

下半身のトレーニングで注意していただきたいのは、上体のフォームのキープ。下半身に意識を集中するあまり、**上体の姿勢がゆるんでしまうと、目的の部位への刺激が弱まってしまいます**。背すじをまっすぐに伸ばすのか、腰を曲げるのか。それぞれに指示がありますので、全体のフォームを意識しながら行ってください。

おしりと太ももにアプローチ！

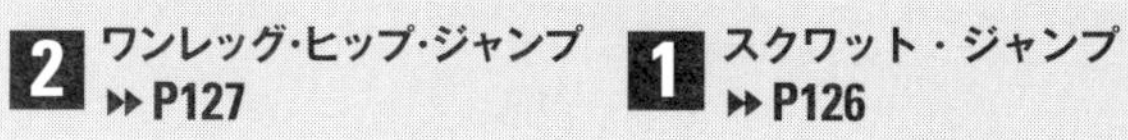
1 スクワット・ジャンプ ▶▶P126
2 ワンレッグ・ヒップ・ジャンプ ▶▶P127

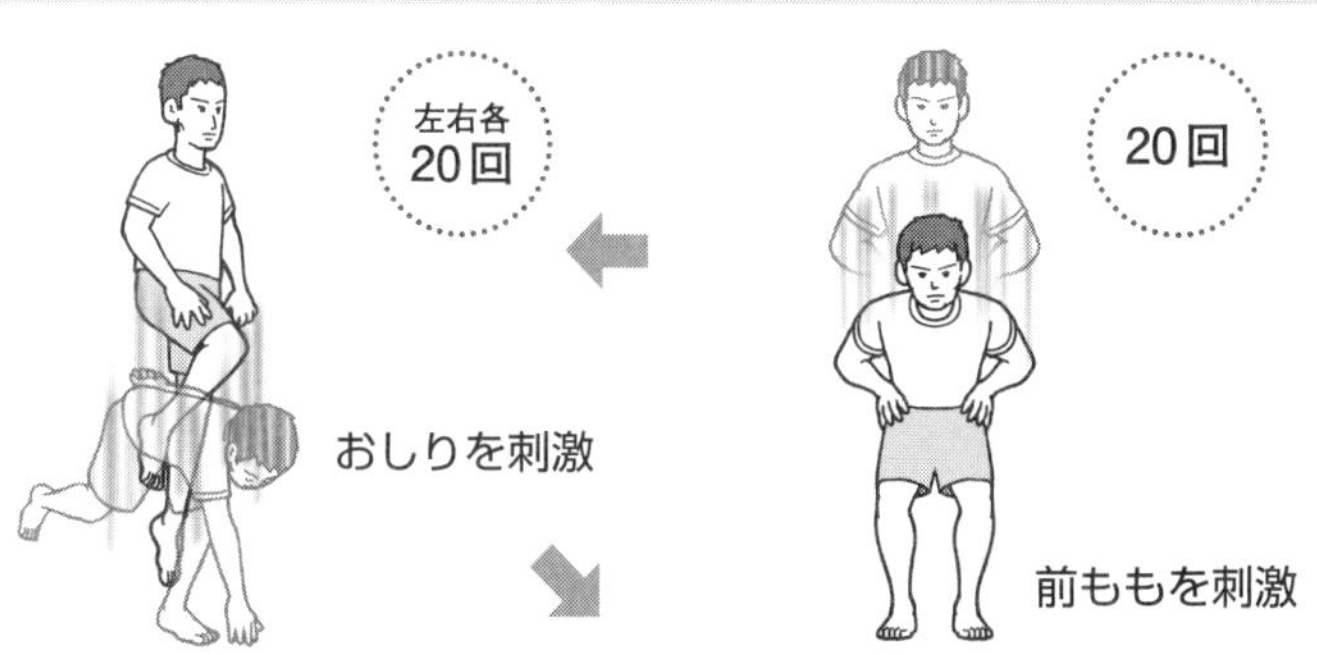
20回
前ももを刺激
左右各20回
おしりを刺激

3 アダクター・サイドランジ ▶▶P128

4 もも裏スティッフド・デッドリフト ▶▶P129

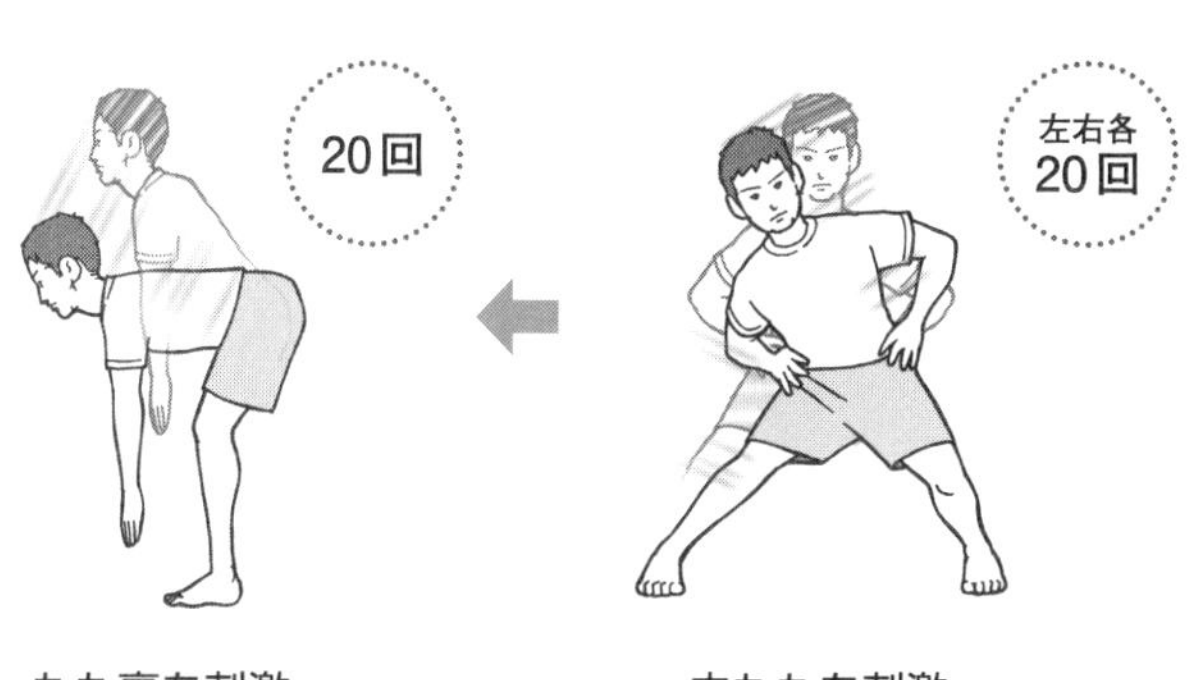
左右各20回
20回

内ももを刺激

もも裏を刺激

1～4のサイクル×3セット

下半身 アシ速　1　スクワット・ジャンプ（前もも）

「中速」でも紹介した両脚でのジャンプ。クォータースクワットといって、着地のときにひざを曲げて軽くしゃがむようにする。

ターゲット	大腿四頭筋
回数	20回
時間	20秒

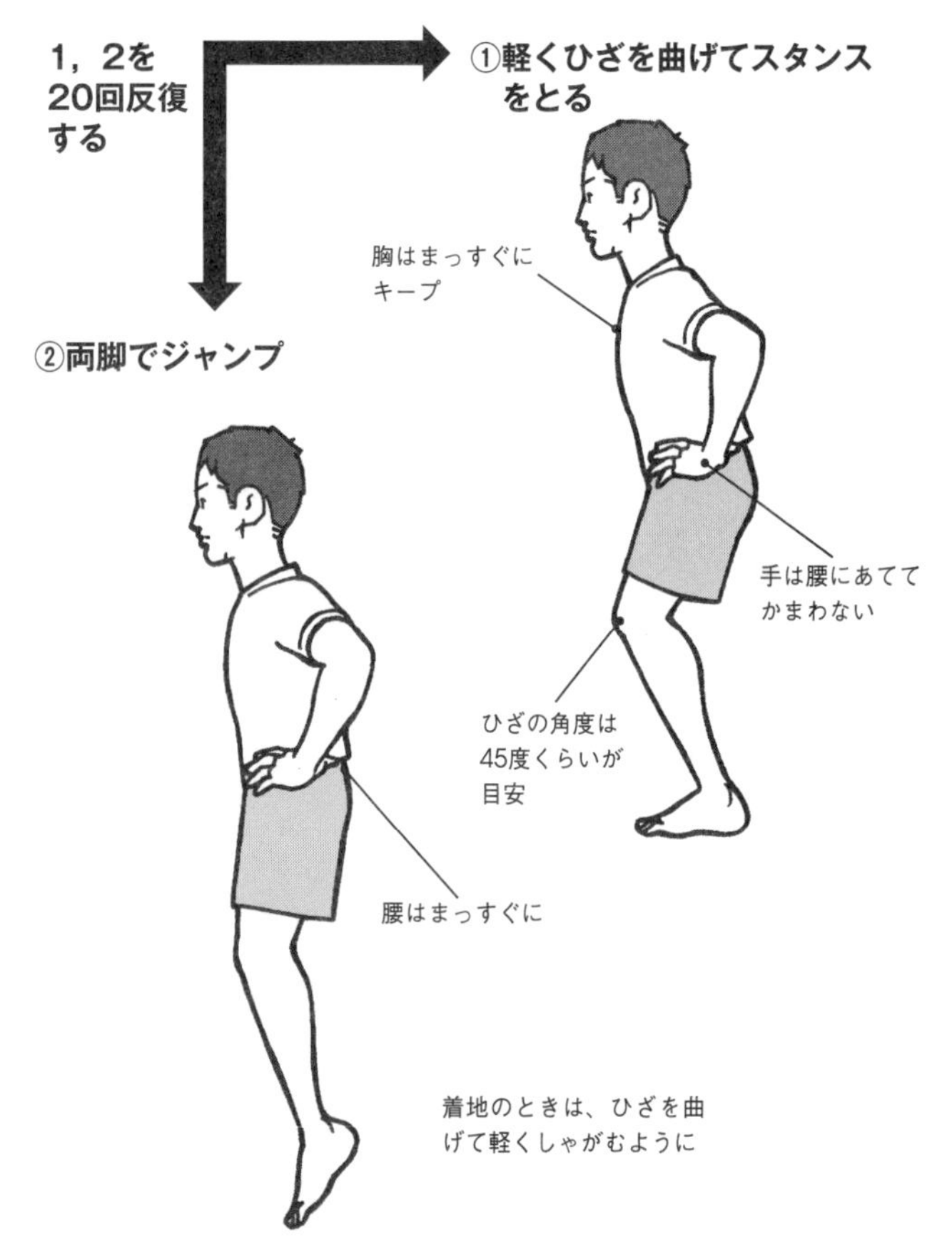
1，2を
20回反復
する
①軽くひざを曲げてスタンス
をとる
胸はまっすぐに
キープ
手は腰にあてて
かまわない
ひざの角度は
45度くらいが
目安
②両脚でジャンプ
腰はまっすぐに
着地のときは、ひざを曲
げて軽くしゃがむように

下半身 アシ速 2 ワンレッグ・ヒップ・ジャンプ(おしり)

片脚で高くジャンプし、衝撃をおしりで吸収するイメージで片脚で着地。おしりの筋肉を効果的に刺激できる。

ターゲット	大殿筋
回数	左右20回ずつ
時間	40秒

1～3を左右それぞれ20回反復する

①片脚を後方に上げ、軸脚と逆側の手で床にタッチ

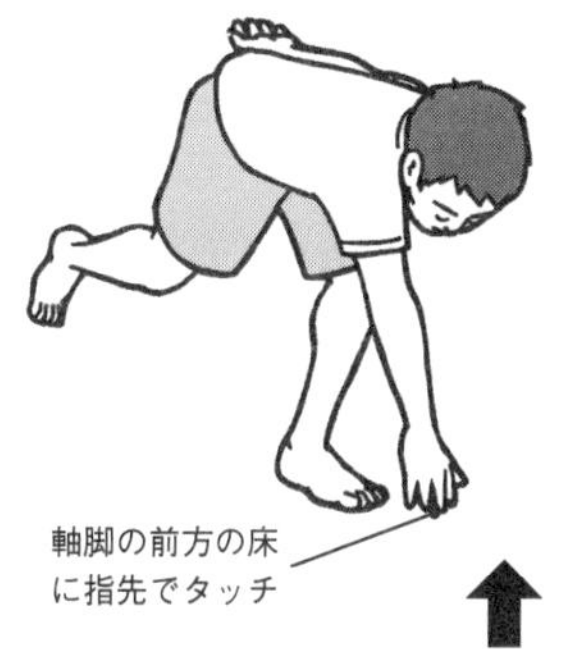
軸脚の前方の床に指先でタッチ

②片脚で真上に高くジャンプ

反動をつけてできるだけ高く真上に跳ぶ

③片脚で着地して①と同じ姿勢に

おしりで衝撃を吸収するイメージで

下半身 アシ速 3 アダクター・サイドランジ（内もも）

脚を広げて立ち、重心を片側の脚に移動しながら、反対の脚を伸ばすことで、ももの内側が鍛えられる。

ターゲット	内転筋群
回数	左右20回ずつ
時間	40秒

①両脚を広げて立つ

つま先は前方を
向くように

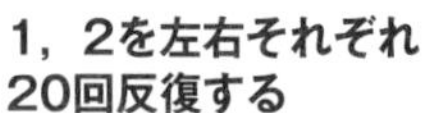
1，2を左右それぞれ
20回反復する

②片側の脚を横に曲げながら、反対の脚を伸ばしていく

上体はまっすぐに
起こして
ひざは、曲げられるだけ
曲げてよい
反対の脚は、内も
もが伸びるよう意
識する

下半身 アシ速　4　もも裏ステッィフド・デッドリフト（もも裏）

背すじを伸ばした状態で前屈を行うイメージ。もも裏のハムストリングスを刺激する。

ターゲット	ハムストリングス
回数	20回
時間	20秒

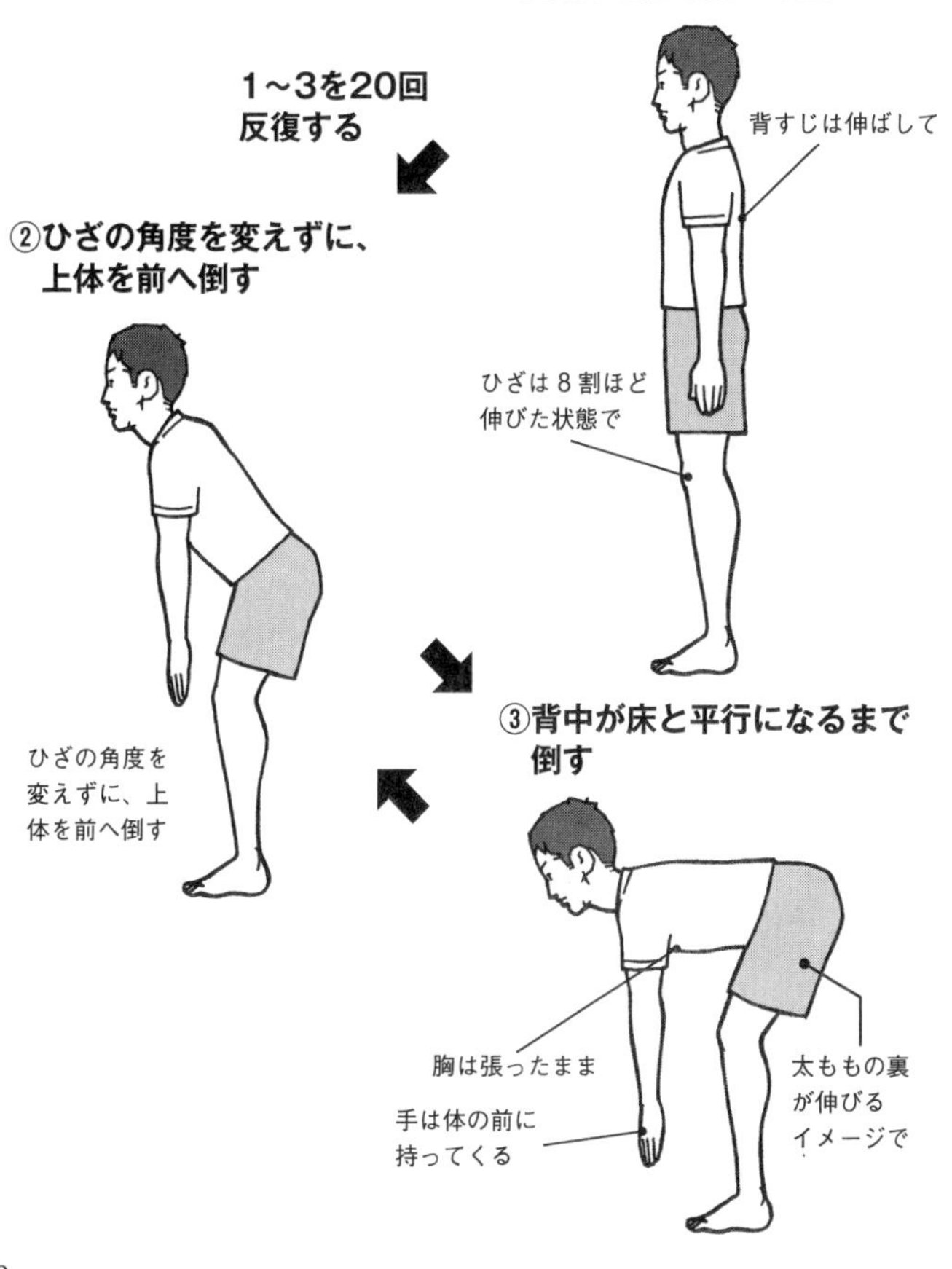
①両脚を軽く開いて立つ
背すじは伸ばして
ひざは8割ほど伸びた状態で
1～3を20回反復する
②ひざの角度を変えずに、上体を前へ倒す
ひざの角度を変えずに、上体を前へ倒す
③背中が床と平行になるまで倒す
胸は張ったまま
手は体の前に持ってくる
太ももの裏が伸びるイメージで

COLUMN

やせるだけじゃない！太ることもできる「速トレ」

本書で紹介しているモニターの方々は、いずれも体脂肪を減らして体重を落とすことが目的でした。でも、逆に「どうしても太れない」「貧弱なカラダをなんとしたい」と悩んでいる人もいるはず。「速トレ」は、そういう方々にも理想のボディラインを提供します。

35歳の会社員、荒牧秀行さんは身長177cm、体重56kg。最も体重が増えたときですら58kgというやせ形です。仕事柄、食生活が不規則になりがちで、健康診断では年々1kgずつ落ちていき、54kgになったことも。周囲から「顔色が悪い」「ガイコツみたい」と言われ、コンプレックスを打破したいと、「速トレ」をスタートしました。

荒牧さんの場合は、しっかり食べて体脂肪を増やしながら、速トレで筋肉をつけていくというのが作戦。

最初の3日間は、とにかくたくさん食べて、胃を大きくしてもらいました。やせたい人の逆ですね。炭水化物は3食ともとって、おまんじゅうなどを間食として食べて糖質もたっぷり摂取。「1回の食事量は一気に増やせなかったので、回数を増やして、2、3時間おきに食べるようにしました。間食にはプロテインも」と荒牧さん。

速トレは初速からスタート。普段から筋トレは自分なりにしていたそうですが、やはり「5分の壁」は厳しく、最初は7分くらいかかっていました。でも、4回目からは5分を切れるようになり、中速コースへ移行。「どちらも腹筋運動が特にきつかった」とのことですが、2ヵ月後、60kgを超えたことのなかった体重は63kgまで増量。ウエストは9cmアップして78cmに。トレーニングの効果で、首と腕もたくましさが。生まれて初めてかけられた「胸板が厚い」という言葉に、「胸がじーんと熱くなった」と喜んでいます。

Before

[体重] 56.1kg
[ウエスト] 69.0cm

After

[体重] 63.0kg
[ウエスト] 78.1cm

PART 4

食べる技術で体脂肪を落とす

01 食事制限だけのダイエットは太りやすい体をつくる！

この章では、主に脂肪を落とすための「食べる技術」についてお話しします。

なぜ、「食べる」という、毎日誰もが自然に行っている行為に「技術」が必要なのか——トレーニングだけで理想の体を手に入れるのはやはりむずかしく、だからと言ってただ食べる量を減らすだけでも不可能だからです。

食べる量を減らすだけでは、むしろリバウンドしやすい体をつくってしまいかねません。

ここでもう一度リバウンドのしくみを確認してみましょう。

食事制限→脂肪とともに筋肉量も減る→基礎代謝が落ちる→消費カロリーの減少
→脂肪が落ちにくくなる

この悪循環により、たとえ食事制限によるダイエットが成功しても、その後食事をもとに戻したときに、以前より体脂肪が落ちにくい体＝太りやすい体になってしまうのです。

それに、筋肉が増えなければ理想的なボディラインをつくることもできません。筋肉を増やすためにはタンパク質が重要な役割を担いますが、タンパクの合成には必須アミノ酸など、ほかの栄養素も必要です。単純に食事量を減らすだけでは、筋肉をつくるのに必要な栄養素まで不足してしまいかねないのです。

一方、いくらトレーニングに励んでも、消費カロリーを上回るエネルギーを摂取してしまうような食事を続けていては、体脂肪はいっこうに減りません。摂取カロリーを減らすためには、食べる量をある程度制限することはもちろん必要ですが、**何をどのように食べるのかということが重要**になってくるわけです。

どのような食事を、どのようなタイミングで、どれくらい食べるか——それをコントロールするのが「食べる技術」なのです。

食べる技術を駆使して効率的に体脂肪を落とし、トレーニングで理想のボディラインに向けて筋肉をつけていく。短時間でボディメイクをするためには、食事制限と筋トレの両方に注力することが大切なのです。

02 脂肪を落とすためのカロリーは1日1300kcal以下！

一般的な成人男性1日の必要摂取カロリーの目安は（体重によって変わりますが）2200kcalと言われています。デスクワークであまり動かない人だと1800kcalくらいでしょうか。

「速トレ」では、トレーニングをしながら脂肪を落とすことができ、かつ健康にも問題のない食事制限量として、摂取カロリー1日1300kcalを提唱したいと思います。これは一般的な成人男性1日の必要摂取カロリーの6割ほどにあたります。

1日1300kcalと聞いても、どれくらいかピンと来ない方もいらっしゃるかもしれません。たとえば、カツ丼がだいたい800kcal、カレーライスは700〜800kcalくらいです。ちなみに、ごはん1杯（200g）は336kcalになります。

してみると、1日の摂取カロリーを1300kcal以下に抑えることは、容易ではないように思えるかもしれません。

「そんなちょっとしか食べられないのか。我慢できるかな……」

そんな声も聞こえてきそうですね。たしかに、いきなりカロリー量を4割ダウンするのは厳しいとは思います。ですが、**まずは3日間、トライしてみてください。そこを乗り越えると、その後はグンとラクになってくるはず**です。胃も小さくなってくるので、意外と量を食べなくても平気なことに気がつくはずです。まずははじめの3日間、しっかり覚悟を持って、食事制限への意識を高めることが大切です。

とは言え、たまにはお酒を飲んだりして、たがを緩めたいときもあるでしょう。実は私もお酒は嫌いではありません。付き合いも含めて週3回くらいはお酒を伴う会食があり、臼状すれば、人並み以上の量を飲んでいます。

ただし、その日は昼食をごく軽めにしたり、「飲み過ぎたな」と感じたときは翌日の食事量を制限したりするなどして調整するようにしています。

そう、要は**摂取カロリーの帳尻を合わせればよい**のです。これは、カロリーの高い食事をとったときも同様です。帳尻は1日の中で調整してもいいですし、2、3日単位でもかまいません。

03 完全に抜くのはＮＧ？ 間食はＯＫ？

みなさんは、毎日朝食を食べていますか？「コーヒーを一杯飲んで終わり」なんていう人はいませんか？

「朝、起きてすぐには食べられない」「朝食を食べる時間がない」――そうした理由から、朝食をとらない人も多いようです。でも、それは健康面のみならず、ボディメイクにおいても賢明なことではありません。

朝食を抜くとエネルギー不足になり、筋肉を分解して糖分を供給しようとします。これでは、筋肉を増やすために努力したトレーニングの成果が水の泡ですね。

さらに、昼食の頃には空腹感がピークになり、とんかつやカレーなど、ボリュームのあるメニューに目が行きがちに。むしろ、ふだんよりも食べ過ぎてしまいかねません。

私がおすすめしているのは、朝食を遅めにとること。朝起きてすぐにではなく、会社に着く直前、あるいはオフィスに着いてから食べるのです。

朝食を遅くすれば、昼食時にお腹が減り過ぎることもありませんし、昼食時間を遅めにすることもできます。おのずと夕食のボリュームも抑えることができるでしょう。「寝起きだと食欲がない」という方にもぴったりだと思います。

朝食のお話からしましたが、実は「速トレ」においては食事を抜くこと自体NGです。朝・昼・晩の三食をきちんととることが必要です。

その理由は、空腹感を覚えると、食欲が増すことに加え、カロリーの吸収もよくなり過ぎてしまう点にあります。お腹が空き過ぎると、気持ちだけでなく体までが「栄養を取らなければ」と反応してしまうわけです。

前項で「最初の3日間は、覚悟をしっかり持って」と述べました。その後は、**カロリー収支のバランスをマイナスに保ちながら、かつ空腹を覚え過ぎない状態がベスト**ということになります。ですから、空腹を避ける意味で、またその次の食事を食べ過ぎないためにも、間食をとることをむしろすすめます。と言っても、脂質と糖分を同時に摂取してしまうケーキなどの洋菓子は御法度。味がついていないナッツや、ホルモンバランスを整えるドライフルーツなどで空腹感を抑えましょう。

04 糖質をまったくとらないのは間違い

近年、話題になっているダイエット法の一つに「糖質制限」があります。

糖質を一定量以上摂取すると血中の糖の濃度が上昇。すると、細胞が栄養素である血液中の糖質を取り込むために、インスリンが分泌されます。インスリンは、各細胞の内側にある「GLUT４」という糖輸送体(とうゆそうたい)を細胞の淵（外側）に移動させ、それが血中の糖と結合し、細胞内に糖を取り込むことで血糖値を下げます。そこで、糖質をカットすると、インスリンが分泌されにくい状態になります。その結果、脂肪細胞の中のGLUT４が外側に移動もできないので、細胞内に糖質を取り込むことができません。それによって、体脂肪の合成が増大されるのを防ぐ……というのが糖質制限ダイエットのメカニズムです。

確かに、脂肪への栄養を抑えることで、脂肪は減ります。体重も落ちます。

しかし、**糖質をカットするということは、脂肪と同時に筋肉への栄養も抑えることになるのです。筋肉も細胞なのです。糖質がカットされれば、筋肉を収縮させ成長させるエネ**

ルギーも不足する結果になってしまうのです。

また、トレーニングをすると、筋肉内の糖質が不足した状態となります。そこで、糖質を摂取すると、インスリンは脂肪細胞よりも優先して、糖質が枯渇した筋肉の細胞へと栄養を運ぶように作用します。さらに、そこでプロテインを一緒に摂取しておくと、タンパク質も一緒に取り込まれて、筋肉の成長がより促されるのです。つまり、**インスリンは筋肉の細胞の扉を開く〝鍵〟でもあるわけです**。

このように、筋肉の成長という観点から見れば、糖質は必要な栄養ではありますが、とり過ぎは禁物であることは言うまでもありません。糖質はどの栄養素と一緒にとるかが重要になるのです。

納豆ごはんのように、タンパク質と一緒にとれば筋肉合成を促しますが、脂質と一緒に摂取すると、今度は体脂肪の合成が促され、太りやすくなってしまいます。ラーメンやカレー、ピザ、パスタなどがその代表例。ケーキやクッキーも同様であることは先ほど述べましたね。糖質を制限するときには、その働きもよく考えて、「糖質」＋「脂質」の組合せを避けるように心がけましょう。

05 できるところから制限をかけるべし！

トレーニングと並行して食事制限も行うことが理想のカラダをつくるために不可欠だと理解はできても、それまで毎日3000kcal以上を摂取していた人が「今日から半分以下にしなさい」と言われたのでは、正直、むずしいかもしれません。

でも、その3000kcalは、体に必要不可欠なカロリーだったのでしょうか。

昨日までの食生活を振り返ってみてください。

この1週間、たとえばパスタやカレー、ラーメンやトンカツなど、高カロリー（脂質＋糖質）なものを何回食べましたか？　定食屋や自宅でご飯をついお代わりしなかったですか？　間食に洋菓子やジャンクフードを食べたり、仕事の合間に缶コーヒーやジュースなど清涼飲料水をたくさん飲んだりしていませんか？　お酒の席で、ビールや日本酒、ワインばかり飲まなかったですか？　そのとき、つまみに揚げ物を頼まなかったですか？

これらは、どうしても食べたり、飲んだりしなければ、体調を崩してしまうものではないでしょう。摂取カロリーを抑えるには、こうした習慣をあらためればいいのです。いきなりすべてを断つことは無理でも、**できるところから、できそうなところから段階的に制限**していけばいいのです。それだけでも、ずいぶん変わってくるはずです。

まずは自分の食生活をチェックしてみましょう。そのうえで、昼食に中華など脂っこいものを多く食べていた人は、そのうちの何食かを和食に変える。毎日パスタや米など炭水化物をとっていたら、週3回にする。間食は無塩ナッツ（通常のナッツはＮＧ）やドライフルーツに。糖質を多く含むビール、日本酒、ワインは飲まない……などなど、自分なりにできること、できそうなことからはじめるのです。そして、そうして**決めたことを自分のなかで守るべき「ルール」**にする。それが無理なく摂取カロリーを減らすコツです。

143ページの表は、今回「速トレ」を実践していただいたモニターの方々が、実際に自分に課したルールをまとめたものです。これらも参考にして、自分なりの「ルール」を設定してみましょう。

ただし――。

頭ではわかってはいても、どうしても目の前の誘惑に負けてしまいがちなのが人間の悲しい性。

「明日から頑張ればいいや」

そう自分に言い聞かせ、一度立てた誓いを破ってしまった経験は——食事制限に限らず——誰にもあると思います。

そうならないためにはどうすればいいのか——。

「公言する」ことです。

「自分はこれをやるんだ！」と周囲に宣言し、そのうえで、それが達成できなかったときは、それなりの「罰」を自分自身に課すことです。

たとえば、誓いを破ったときは、「お小遣いを減らされる」「妻にブランドものの服を買ってあげる」、何かをコレクションしている人なら「その一部を手放す」というふうに……。要は、やらなければいけない状況、引っ込みがつかない状況を意識的につくるわけです。

今回、モニターの方々にも、「守るべきルール」を申告していただくとともに、「それが達成できなかったときにはこうする」という「罰」を設定してもらい、その内容を「誓約書」にしていただきました。

口約束だけでは、「そんなことは言っていない」と言い張ることもできるかもしれませんが、**文書として残しておけば、もはや言い訳も言い逃れもできません**。罰が嫌なら有言実行するしかないのです。

そうしてひとつの目標を達成したら、次はもう少し厳しい目標を設定しましょう。そうやってできるところから制限していけば、「1日1300kcal」はもうすぐです。

速トレ・モニターたちの主な食事制限の例

●**下村さんの場合**……朝食にシリアルは食べない、昼食は中華・ラーメンは食べない、夕食は脂っこくないものにする、ビールは飲まない、デザートなし、腹八分目。

●**柏原さんの場合**……2ヵ月間アルコール禁止、飲み物からカロリーを摂取しない、パスタ＆カレーは週2回まで、朝食ブッフェはOK、野菜を増やして果物カット、夕飯で週3回は炭水化物をカット。

●**村山さんの場合**……買い食いをやめる、最初の7日間は米を食べない、夜の席以外は飲み物でカロリーをとらない、飲み会時は食べ物でカロリーをコントロール、夕食のメニューは魚、鶏肉、甲殻類を多めに。

●**細谷さんの場合**……お菓子を断つ、飲み会を週3回に抑える、ワイン＆ビール＆日本酒は飲まない、昼食は油系のものを避ける。

06 やせるための外食術

近頃は〝弁当男子〟も増えているようですが、自宅で仕事をしている人を除けば、やはり「昼食は外食」という人が多いと思います。接待や付き合いで夕食も外でとるケースも少なくないでしょう。場合によっては三食とも外食という日もあるかもしれません。

外食はどうしてもカロリー過多に陥りがち。そこで、何を、どのように食べるか——「食べる技術」がとても大切になります。ポイントは「低脂肪・高タンパク」。メニューを決めるときに迷ったら、**より脂質が少なく、タンパク質の多いものを選ぶ**のが鉄則です。

●昼食の行きつけは和定食屋に

昼食を外で食べる場合は、**焼き魚や刺身などがメインの和定食がベスト**です。あるいは海鮮丼などを選びましょう。できればごはんは軽めに。大盛りやお代わりが無料であってもそこはグッと我慢しましょう。

男性がついつい頼みがちなのが揚げ物。しかし、揚げ物は、ごはんと合わせると「糖質」＋「脂質」を同時に摂取してしまう、ボディメイクにおける最大の敵。その意味で、ラーメンも避けたいところです。「昼は麺類」という気分のときは、腹持ちのするそば（かけ・おろしなど）をおすすめします。どうしてもラーメンを食べたいなら、スープは残す覚悟で。

主食とおかずが一皿で済むパスタやカレー、丼ものも、最近はランチメニューの定番のようですが、これも「糖質」＋「脂質」をとることになるので避けたいところ。**職場の方と一緒に出かけるなどの事情で食べる場合は、量を減らすようにしてください。残すのが心苦しいのなら、食事に口を付ける前に他の人にあげる**というのも一つの手です。

●コンビニは選び方次第で強い味方に

昼食を職場の近くのコンビニで調達するという方も多いでしょう。その際は、唐揚げやハンバーグなどの弁当類はしばし我慢を。推奨メニューをあげるなら、おにぎり1個にみそ汁、そしてできるだけサラダをつけましょう。バランス的には海藻サラダが理想ですが、ドレッシングはできればノンオイルを。これにササミなどをつければＯＫです。

また、最近はヘルシー志向のサンドイッチの専門店も人気を呼んでいます。野菜がたっぷり入ってボリュームがあるわりに、どのメニューも３００kcal前後と低カロリー。こちらもおすすめです。

●とりあえずビールはＮＧ！

仕事のあとの一杯。たまりませんね。私自身、お酒を飲む機会が多いことは前にもお話をしました。

ただし、速トレ中は飲まないに越したことはありません。と言うのは、アルコールはタンパク質などの栄養素を分解・合成し、送り出す肝臓に負担をかけるからです。

とは言うものの、つき合いや接待で酒席に参加しなければならないときもあるでしょう。お酒がもたらすリラックス効果も無視できません。

アルコールのカロリーは体内に入ると熱として放出され、脂肪として取り込まれることはありません。その点はそれほど気にしなくてもいいのですが、避けなければならないのが「とりあえずビール」。ビールや日本酒、ワインといった醸造酒には、脂肪に変換されやすい糖質が多く含まれているのです。ですから、**お酒を選ぶときは糖質の少ない蒸留酒＝焼酎、ウイスキー、ブランデーなどにしてください**。蒸留酒だからと言って、飲み過ぎはもちろん禁物です。

また、アルコールを消化するためにミネラルやビタミンが大量に消費されるので、飲んだ翌日は野菜や果物でしっかり補給を。アルコールをできるだけ早く体外に送り出すために、白湯を飲むのもおすすめです。休肝日を設けることも忘れずに。

●つまみはサラダや魚介系

お酒を飲むときは、「食べる技術」をうまく使って、摂取カロリーをできるだけ抑えるようにしたいもの。私の例で言えば、**つまみはサラダやおひたし、煮物、貝類やイカ、タコほかの魚類を多くオーダー**。もちろん、唐揚げや天ぷらなどの揚げ物は我慢です。くれぐれも、「しめのラーメン」は断るようにしてください。

また、「場が持たないのでなんとなく……」という理由で食べてしまうというのもよくあるケースです。ある程度、お腹に入れたらもう箸をつけないなど、自分のなかでもルールづくりをしておくとよいでしょう。

●何よりも腹八分目

食事制限をはじめるにあたって、「最初の3日は覚悟を」とお話ししました。そうすれば、胃が小さくなって空腹を感じにくくなる、と。しかし、逆もまたしかりです。小さくなった胃は、大きくするのも簡単。もとのように食べればすぐに戻ってしまいます。

そこで、**食事はつねに腹八分目**を目指してください。具体的な目安としては、ご飯も味噌汁もおかずも、**「あとひと口で完食する」手前で終わらせる**くらいがちょうどいいでしょう。外食の際、ついご飯を食べ過ぎてしまう人、あるいは残すことに気が引ける人は、最初から「少なめに」と注文する勇気をもってください。

飲み会が続くと太りがちになるのも、どうしても食べ過ぎてしまうせい。アルコールには食欲増進作用もあるのです。お腹いっぱいなのに、手持ちぶさたで口に入れてしまう。こういった行動をやめるだけでも飲み会の摂取カロリーはかなり抑えられるはずです。

OK＆NG食材のリスト

	素材	
種	食べていいもの	食べてはいけないもの
とり肉	ムネ肉 ささみ	もも肉 鶏皮
牛肉	ヒレ、ホホ	その他
豚肉		すべて
魚介類	白身 イカ タコ 貝類 エビ マグロ赤身	青魚 鮭 トロ
野菜	レタス もやし トマト 大根 キャベツ たけのこ ブロッコリー キノコ類	ジャガイモ さつまいも かぼちゃ コーン レンコン ごぼう アボカド ナッツ
豆	豆腐 納豆	枝豆
おでん	大根 こんにゃく 糸こんにゃく ちくわ	きんちゃく タマゴ さつま揚げ ちくわぶ
お酒	ウイスキー ブランデー 焼酎 ハイボール 泡盛 糖質オフビール	ビール ワイン 日本酒 カクテル ジンジャーハイボール マッコリ ホッピー
飲み物	水 お茶 コーヒーブラック ゼロカロリー飲料 豆乳	フルーツジュース ミルクティー 甘いコーヒー 炭酸飲料（コーラなど） 牛乳（低脂肪乳は可）
主食	そば（かけ） うどん（かけ） ふすまパンなど…	パスタ 米 パン オムライス ピザ カレー ラーメン
スイーツ	和菓子 ゼロカロリーゼリー	ケーキ プリン ヨーグルト（無脂肪）
調味料	ケチャップ △砂糖 △醤油	マヨネーズ 塩 味噌

※低脂肪・高タンパク・塩分が少ないことを基準にセレクト

07 やせる食事の正解メニューは？

食事制限期間中は、活動時間の短い夜の炭水化物を減らすのが基本的な考え方。その分、朝と昼は比較的しっかり食べます。三食の理想のメニューを紹介していきます。

●朝食にもタンパク質を

朝はできるだけ、パンよりごはん（少なめに）を食べてほしいですね。忙しいので、バランスのよい食事をとるのはむずかしいと思いますが、可能な範囲でタンパク質、野菜をとることを意識してください。**ごはんにはパンよりもタンパク質が多く含まれている**のです。たとえば、たまごがけご飯でもいいですし、野菜は野菜ジュースでもいいでしょう。

●昼食は朝の補填を意識して

朝食でとれなかった栄養素を補うことを意識してください。**焼き魚などの和定食を基本**

に、サイドメニューで、朝、足りていなかったものをとるといいでしょう。麺類にするならば、うどんよりも腹持ちのよいそばを。うどんでもよいのですが、消化がよいので比較的早く空腹感を感じやすいのです。

●夜は「気持ち少ないかな」でストップ

夜は就寝3時間前までには食事を終えるようにしてください。**夕食で一番理想的なのは、鍋料理。**野菜をたっぷり食べることができ、豆腐やしいたけ、しめじなどを入れればタンパク質やミネラルもとれます。ただし、味の濃いものは避けて、水炊きのようにあっさりした味付けをおすすめします。しめの雑炊も避けたいところ。どうしてもと言うなら、消化のよいうどんにしましょう。

朝・昼・晩のメニュー例

合計で1300〜1500㎉を想定

朝食	昼食	夕食
ご飯（玄米がベスト） ＋ みそ汁（カップでも可） ＋ 納豆または玉子、サラダもしくは野菜ジュース	焼き魚定食 ＋ サラダ あるいは、おかめそば	鍋 （豆腐、白菜、しいたけなどきのこ類、鶏肉または白身魚）

08 続けるためには「自分を赦(ゆる)す」こと

1日1300kcalに抑える食生活は、けっしてラクではありません。はじめたばかりのころは「食べたいものが食べられない」ストレスはかなりのものがあるでしょう。

そこで、**週に一度、「ご褒美デー」を設けてはいかがでしょうか。日ごろ我慢している分、その日は好きなものを食べてよいことにするのです。**揚げ物やカレー、パスタやピザも解禁です(もちろん、ドカ食いはNGですが)。

「もう少し頑張ればトンカツが食べられる!」

そう思えば、低カロリーのメニューを選ぶことができ、「今日はこれでやめておこう」と、食べ過ぎも避けられるというもの。ストレスもそれほど感じずに済みます。

我慢する期間を1週間と区切ることで、「ここまでは」と頑張ることができるはずです。マラソンでいうところの給水ポイントのようなイメージでしょうか。「ご褒美デー」は、食事制限を続けるための、小休止点と考えてみてください。

「ご褒美デー」を設けたほうがいい理由は、もうひとつあります。

ボディメイクに取り組んでいる人の多くに見られることなのですが、体重が落ち、筋肉がついてくると、トレーニングや食事制限に対するモチベーションがさらに高まるあまり、必要以上にストイックになってしまうのです。

「ここまで落ちたんだから、もっと落としたい」「ここで食べ過ぎたら、せっかくの努力が水の泡だ」「唐揚げは油をとり過ぎるから、我慢、我慢」

そう考えて、つい頑張り過ぎてしまうのです。

また、「常に節制していないと以前の体に戻ってしまうのではないか」という不安もあり、食べること自体が怖くなるケースもあります。

これらが本人の気づかないストレスとなって蓄積していった結果、張り詰めた糸がプツンと切れるように、ある日突然、イヤになってしまう可能性があるのです。だからこそ、**ときどきは「自分を赦（ゆる）してあげる日」が必要なのです。**

ムリをし過ぎずに、長く食事制限とトレーニングを続けられるようにするために、有効に「ご褒美デー」を活用しましょう。

09 やせたあとの食事も大切

1日5分週2回の「速トレ」と1日1300kcalの食事制限を実行して、それなりにボディメイクに成功したとします。さて、その後はどのような食事をとればいいのでしょうか。

「これだけ体重が落ちたんだから、もう明日からは何を食べても大丈夫」

そういうわけにいかないことは、おわかりですね。リバウンドをしないためにも、当分は食事管理をしっかりしていきたいものです。

では、どれくらいの量を食べていいものか――繰り返しますが、摂取カロリーを消費カロリーが上回れば、体脂肪は増えません。つまり、やせたあとは、消費できる分だけは食べていいのです。

前にも述べたように、一般成人男子の1日の消費カロリーは約2200kcal。デスクワークを主とする人なら、1800kcalですから、それ以下に抑えればいいわけです。これが、あなたにとっての適正量ということになります。

やせたあとは、自分で適正量を調節する力が大切になってきます。しかし、ここまで食事制限を頑張ってきたみなさんであれば、もう食に関する知識もしっかり身に付いているはず。また、カロリー量の目安は自分でつけられるでしょう。1日単位、1週間単位でカロリーの帳尻を合わせていくという考え方は、リバウンドを防ぐためにも有効です。常に、カロリーの収支バランスを念頭に置いておきましょう。

ただし、油断がならないのは「糖質」＋「脂質」のリスク。完全にNGとは言いませんが、できる限り、頻度を減らすよう意識していただきたいと思います。特に、外食時などに気軽に食べやすいラーメンやカレー、パスタ、カツ丼などは、ついつい食べてしまいがちなものです。こうした食事は週1回や2回までにするなど、明確にルールを設けておくとよいでしょう。

そして大切なのは、朝・昼・晩の三食をきちんととること。食の乱れは、せっかく増やした筋肉の成長にも影響します。理想のボディラインをキープし続けるためにも、正しい食生活への意識は持ち続けてほしいと思います。

10 トレーニング後はプロテインを飲むべし！

●効率的にタンパク質を摂取するために活用

筋肉を増やすために必要なタンパク質の量は、体重1kgあたり、1・5g程度が目安。たとえば、体重70kgの人であれば105gくらいです。

栄養素は食事からとるのが望ましいのはもちろんです。ただ、**必要量のタンパク質を食事だけからとろうとすると、どうしても脂質なども必要以上に摂取してしまうのが現実。**それらの栄養素は、脂肪として蓄えられてしまいます。

できる限りカロリーを抑えながら効率よくタンパク質をとるにはどうすればいいのか——その方法の一つが、**純粋なタンパク質を粉状にした「プロテイン」の利用**です。

「えっ、プロテインって、筋肉隆々のマッチョな体を目指す人向けでは」

確かに、以前はプロテインというと、アスリートやボディビルダーが愛用するものというイメージがあったかもしれません。

ですが、最近は、体作りやダイエットなど目的に合わせてさまざまな種類があり、カロリーが低いプロテインも多く出ています。低脂肪高タンパク食品として有効に活用できると思います。

●トレーニング後30分以内がベスト

通常、私は**トレーニングのあと30分以内にプロテインをとる**ようにしています。これは、トレーニング終了後のプロテインの摂取を、30分後と2時間後のグループに分けて筋肉の成長を比較した実験の結果、30分後のグループのほうがよかったというデータに基づいています。その理由は、トレーニングの刺激による筋肉の分解を抑制するからではないかとされています。

また、私はおまんじゅうを1個、プロテインと一緒に食べています。138ページで説明したように、トレーニング後であれば、インスリンは脂肪細胞ではなく、筋肉細胞に働きかけるので、より効果的に筋肉が栄養を取り込めるからです。甘いものを我慢している人は、トレーニングのご褒美と思えば、より頑張ることができるのではないでしょうか。

COLUMN

朝日を浴びることもやせるポイント？

長時間残業をして夕食が遅い時間になってしまった。あるいは徹夜作業の際に夜食をとった……そんなときもあるかもしれません。

しかし、夜遅くに食事をとると、腸もずっと動いている状態となります。すると、体がいつ休めばいいのかわからなくなり、体の機能を低下させてしまうことがあります。

夜遅い食事が続いて、「なんとなく胃が重い」「お腹が張っているような気がする」と感じることもあるでしょう。これも、胃腸がしっかりと休めていないことが原因と考えられます。

胃腸の働きの低下は、消費カロリーの減少にもつながります。体脂肪を燃焼させるためには、胃腸の働きをしっかり整えることも必要です。

そこで、夜遅い日が続いたときには、意識的に朝日をたっぷり浴びるようにしてください。ベランダで太陽に顔を向けるのでもいいですし、散歩に出てもよいでしょう。

朝日を浴びることで、体がここからスタートという起点を感じ、体内時計がリセットされます。体のリズムが整えば、吸収や代謝などの機能も正常に戻ってきます。

筋肉をつくるため、また体脂肪を落とすためには、体の内側から整える、さまざまな体の機能を維持することも大切なのです。

体内時計を常に正しい状態に保つ意味でも、早寝早起き、決まった時間に食事をとるといった、規則正しい生活をできるだけ心がけたいですね。

PART 5

2カ月の速トレ体験 データが効果を実証！

01 6人のモニターが速トレ&食事制限を2ヵ月チャレンジ

これまで「速トレ」のメカニズムや具体的なトレーニング方法を説明し、あわせて食生活における注意事項をお話ししてきました。では、実際に「速トレ」を行うと、どのくらいの効果が出るのか——この章では、実際に「速トレ」（および食事制限）を体験した方々の様子をご紹介します。

今回、モニターになっていただいたのは、30〜50代の男性。いずれも、以前はやせていたのに、加齢とともに体重の増加や体型の崩れが気になってきた人たちです。

トレーニング期間はひとまず「2ヵ月間」とし、以下のような流れで進めました。

最初にモニターそれぞれにカウンセリングを実施。毎日の暮らしぶりや食生活などをうかがいながら、いつごろから、いかなる理由で太っていったのかを探るとともに、過去および現在の運動習慣やレベルもチェック。そのうえで、「どこまで自分を変えていきたいのか」確認し、それぞれの目標体重を設定。そのための食事制限の内容を提案しました。

合意できたら、逃げ道を断つために、「誓約書」を作成。具体的な目標だけでなく、達成できなかった場合にはどうするか、ペナルティの内容も書き込んでもらい、提出していただきました。

「速トレ」は全員「初速」からスタート。4分30秒を切れた人から「中速」、そして「爆速」へと移行していくことになります。

また、期間中はＳＮＳでグループを作成。毎日の食事内容を写真でアップしてもらい、

もちろん、私からもそれぞれのモニターに対し、トレーニングの仕方や食事内容などについて気づいたことやアドバイス、注意事項があればコメントを書き込み、その情報は全員で共有するようにしました。同じ目標を掲げたモニター同士で互いに進行状況や達成具合を確認し合うことが、モチベーションの維持や向上に役立つと考えたからです。

果たして、2ヵ月間の成果はいかに――次ページから速トレ体験者の「生の声」を紹介していきます。それぞれの食事制限における工夫やトレーニングに対する取り組み方など、参考になる部分も少なくないはずです。

CASE
1

娘のキツイ一言に一念発起！ 下村康祠さんの場合

下村康祠さん
54歳・男性
営業職

速トレの習得とともにお腹まわりもサイズダウン

54歳の下村康祠さんの過去の最高体重は88kg。何度かダイエットに挑戦したものの大きな成果は得られず、どうしても80kgの大台が切れませんでした。さらに、お腹周りを見た娘さんから「恥ずかしいから学校行事には来ないで」と言われたことに相当なショックを受け、速トレのチャレンジを決意。目標を10kg減の75kgに設定しました。

そのために、朝食に食べていたシリアルとお昼の中華定食やラーメンは禁止。毎日飲むというお酒については、できるだけビールは控えるようにしてもらいました。

速トレスタート時は、初速をこなすのに10分くらいかかっていた下村さん。でもこれは、最初は正確なフォームで行うこと強く意識しながら行っていたから。時間を意識するようになってからは徐々に短縮でき、4～5週間で5分を切るようになりました。

初速が5分でできるようになった頃から、お腹がへこんできたのを実感。確実に「ベルトの穴の位置が右に移動した」と言います。娘さんもさりげない様子ながら、やせてきたお父さんの姿を認めているそう。

「想像していたより、ラクにやせられた」と話す下村さん。チャレンジ期間を終えてから、人間ドックを受けたそうですが、なんと、これまで注意を受けていた血糖値はもちろん、肝臓のGOTやGPTの数値（損傷すると分量が増加）まで正常値に変化していたそうです。速トレは「健康面にも効果がある」という好例ですね。

[DATA]

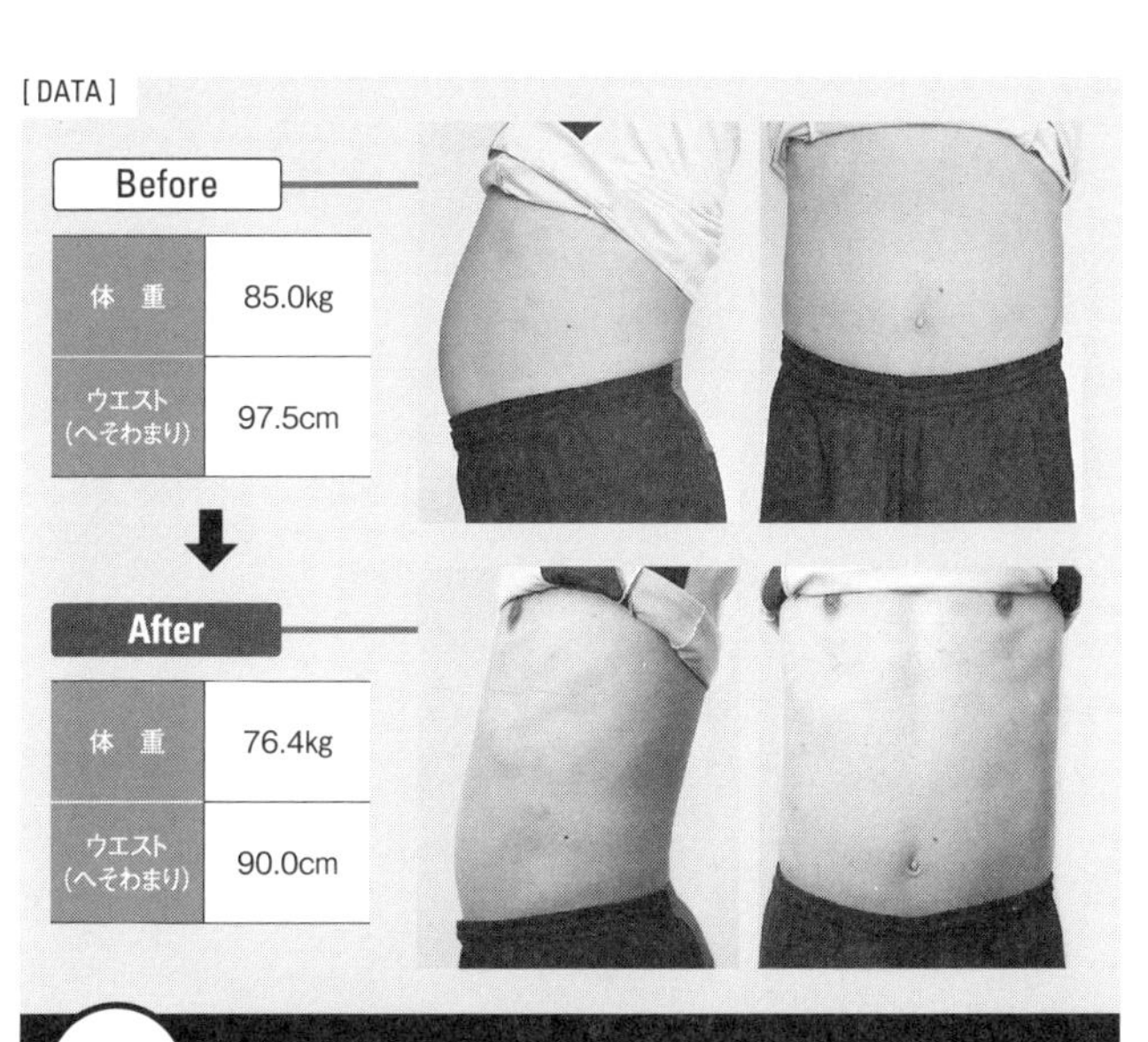

Before

体重	85.0kg
ウエスト（へそまわり）	97.5cm

After

体重	76.4kg
ウエスト（へそまわり）	90.0cm

結果 [体重] ➡ −8.6kg [ウエスト] ➡ −7.5cm

CASE 2

速トレを5年前に知っておけば……

村山耕太さんの場合

村山耕太さん
41歳・男性
出版社勤務

お腹がへこんで、昔の服も着こなせるように

「食事」「お菓子」「お酒」——太ってしまう原因は、たいがいこのどれかです。ところが、そのすべてがあてはまっていたのが村山さんでした。その食生活は、「朝はパン。昼は食べたり食べなかったりで、間食に板チョコ一枚かおせんべい一袋。夜は白米をお代わり。飲み会で飲むのはカクテルなど甘いお酒」。会社のサッカー部で活動していたこともあり、それでも70kg以内をキープしていたそうですが、32、3歳でサッカーを辞めると「爆発的な伸び」を見せることに。おかげで、エレベーターに乗れば周りの視線がまずお腹にいき、ときには無言でお腹をさすられることも。家庭でも奥さまから「食べても太らないと言っていたのに契約違反」と言われ、娘にはお腹で遊ばれる始末。

そこで7kg減の68kgを目指すことにし、「最初の7日間は白米を食べない」「口寂しさゆえのお菓子の買い食いをやめる」「甘いお酒を減らす」の3点を実行。飲み会のつまみも、サラダや魚を中心に。

速トレをはじめた当初は「腹筋の2回目はひざに手が届かず、3回目は気絶しそうになった」村山さんですが、いまでは初速を4分30秒でできるようになり、「昔の服をもう一度着る」という目標を達成。周囲からは以前とは別の驚きでお腹を見られるようになり、「娘から触られても以前のように『ポヨーン』という感じではなくなりました。5年前に知りたかったたな」――効果を実感したいま、そう思っているそうです。

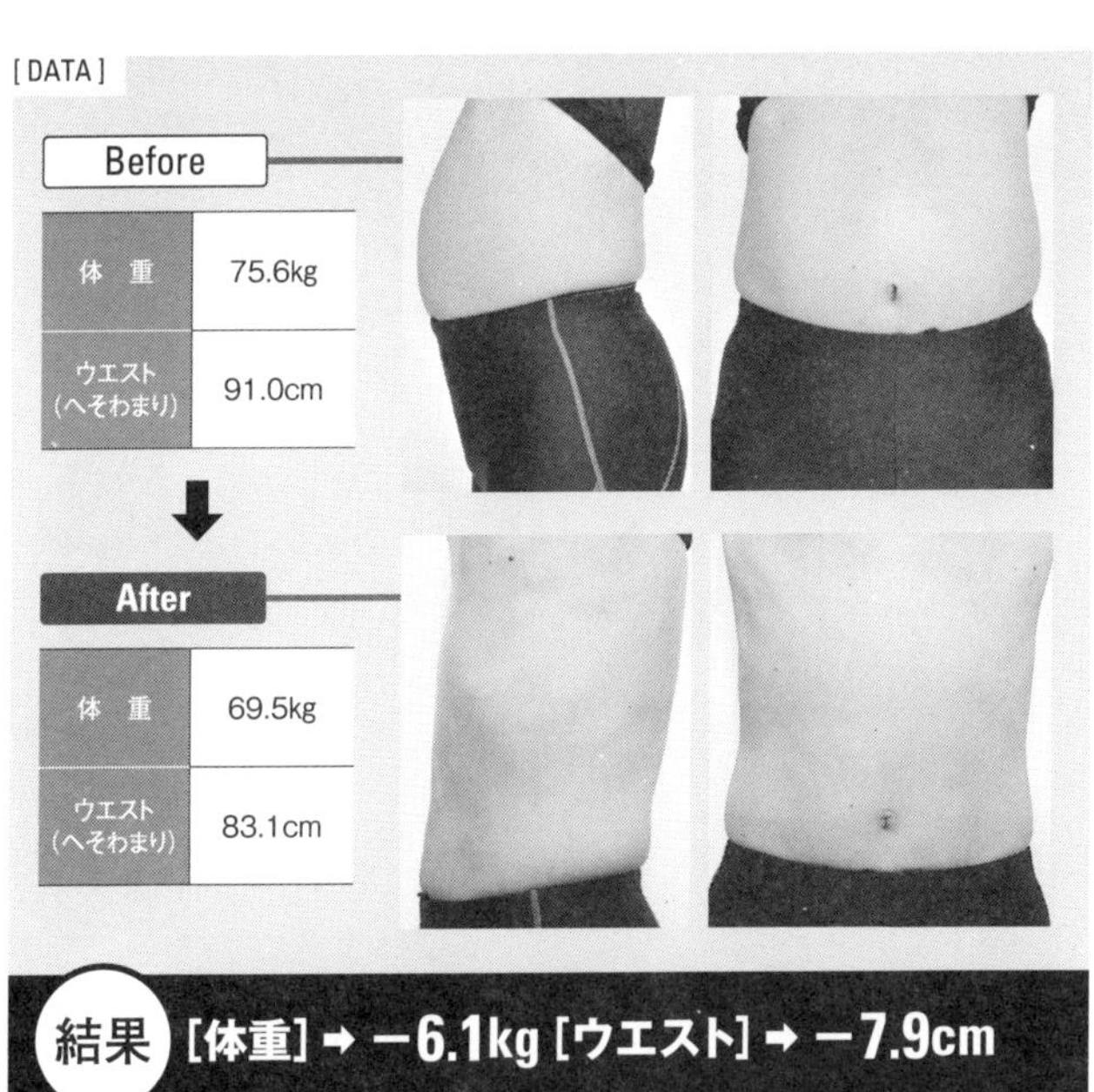
[DATA]
Before
After
結果 [体重]➡−6.1kg [ウエスト]➡−7.9cm

Before

体重	75.6kg
ウエスト（へそまわり）	91.0cm

After

体重	69.5kg
ウエスト（へそまわり）	83.1cm

CASE 3

ギリギリ2ケタの体重にイエローカード

細谷錬太郎さんの場合

細谷錬太郎さん
37歳・男性
大手商社勤務

短時間の努力で結果が出せる「お得な」トレーニング

学生時代はゴルフ部で、結構走り込んでいたという細谷さん。ところが、当時は60kg台だった体重が「ギリギリ2ケタ」の99・9kgまでいくほどに。健康診断で「太っている」と指摘され、周囲からも「やせたほうがいい」と言われたことで、「速トレ」にトライされました。目標は2ヵ月で約15kgの減量です。

ふだん運動は「ほとんどしない」細谷さん。初めての速トレはきつかったようです。特にニータッチ・クランチがつらく、初回は2セット目の途中で「ムリです！」と悲鳴が。それでも4回目からは無理なくできるようになり、1ヵ月で初速から中速に移行しました。中速に入ってすぐは、初速以上の筋肉痛があったそうですが、その分、筋肉がついてきたのを感じたそうです。「短い時間で集中してトレーニングして、週2回と頻度も多くない。短時間で結果が出るのは、お得ですね」。

食事制限もしっかり実行。営業職という仕事柄、接待も多く、週2～3回は飲み会という日々ですが、最初の乾杯以外はハイボールに替え、5杯以上飲んでいたのを3～4杯に。机の引き出し一つを占領していたお菓子も他の人にあげて、一切カット。その結果、14・5kgの減量に成功し、お腹もすっかりへこみました。

「最初はスピードについていくのが大変だけど、思っているほどきつくない。『きつくないから、まずやってみて』と言いたいですね」

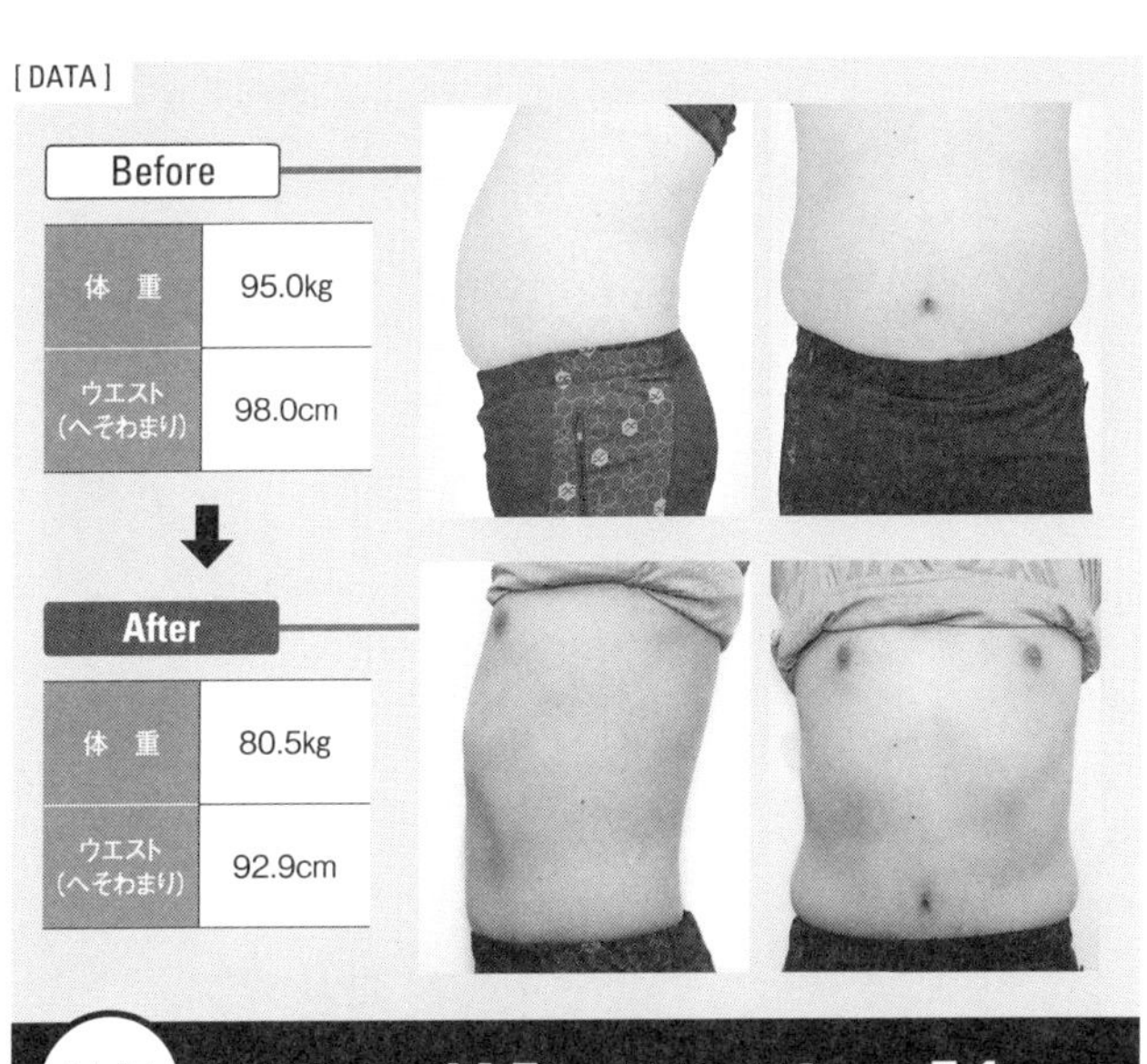
[DATA]
Before
体重
95.0kg
ウエスト（へそまわり）
98.0cm
After
体重
80.5kg
ウエスト（へそまわり）
92.9cm
結果
[体重] → −14.5kg [ウエスト] → −5.1cm

CASE 4

人にやさしいダイエットで、16kg減！
高橋和義さんの場合

高橋和義さん
35歳・男性
IT会社経営

ラーメン&ポテチを〝ダシ〟に替えて、旨みで満足

高橋さんは仕事柄、会食が多く、週の半分になることも。ごちそうしてもらう場合は残すわけにもいかず、コース料理を完食。そのあと、さらに「ノリで」ラーメンを食べに行くこともあったと言います。会食の翌日は朝食を抜いたり、運動をしたりするよう努めましたが、いつしか体重は94kg超え。そこで、今回は80kgを目指すことにしました。

お酒はあまり召し上がらないそうなので、食事については「9時以降は食べない」「ラーメンと、ほぼ毎日食べていた唐揚げを食べない」ことを約束事に。以前、炭水化物を2ヵ月とらなかったら、「フラフラになって、活力もなくなった」という高橋さん。でも、今回は食べる内容を変えただけなので、「ストレスを感じず、人にやさしい、取り組みやすいダイエットだった」と振り返ります。

「お腹が空いたときは、ダシを飲んでいた」のも高橋さんの工夫。ダシの旨みが、ラーメンやポテチを食べたいという気持ちを「紛らわせ、満足させてくれた」そうです。

自重があるだけに、速トレは「特に中速のプッシュアップがつらかった」。そこで、ひざをついたままでもＯＫとし、スピードを維持することを心がけました。

また、今回は他のモニターの方々と一緒に行い、情報交換できたのがよかったそうです。仲間と一緒にボディメイクを競うのも、モチベーションを上げるための効果的な方法かもしれませんね。

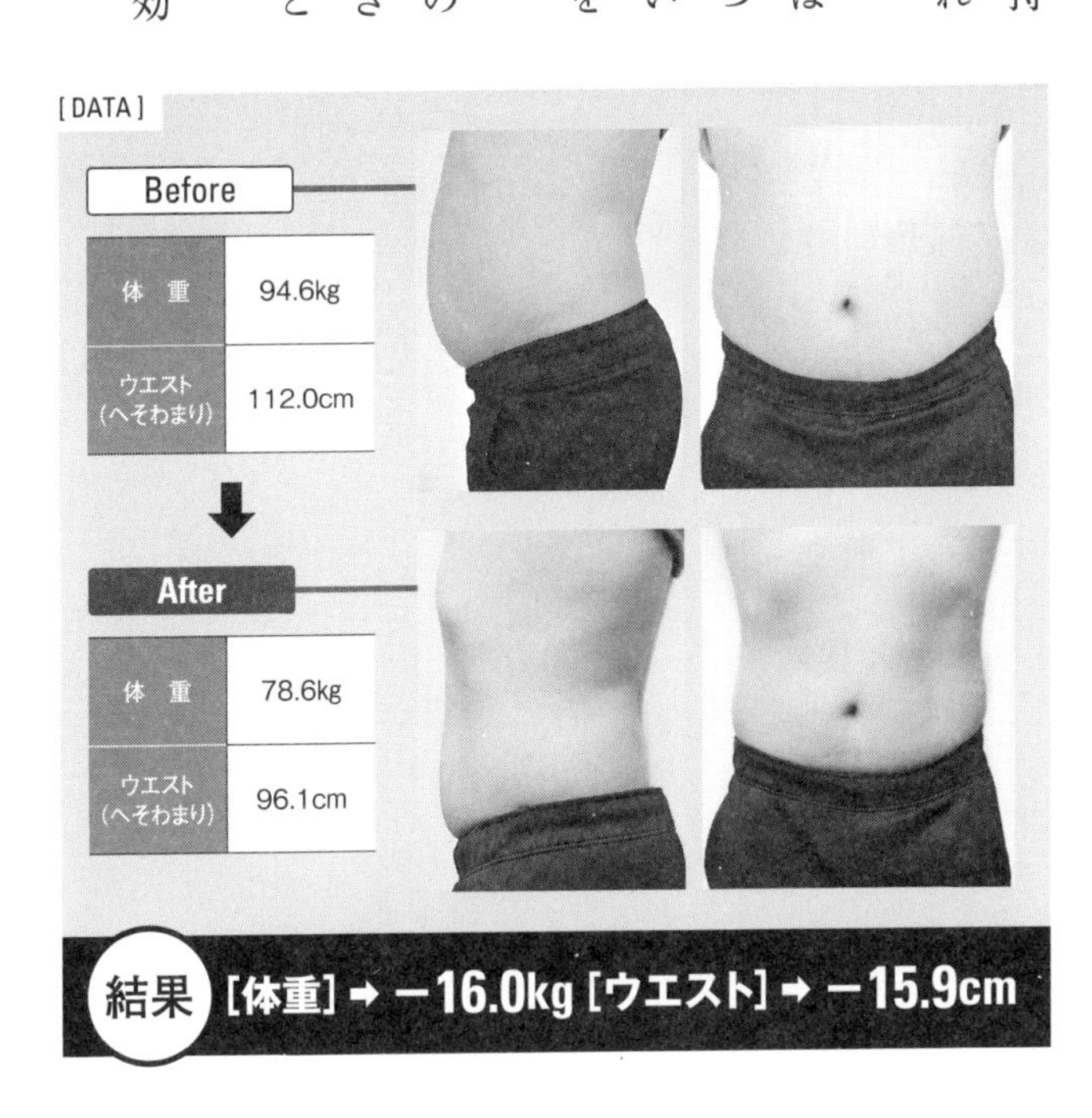
[DATA]
Before
体重 94.6kg
ウエスト（へそわまり） 112.0cm
After
体重 78.6kg
ウエスト（へそわまり） 96.1cm
結果 [体重] ➡ −16.0kg [ウエスト] ➡ −15.9cm

CASE
5

マイ製麺機も封印して、食生活を改善
柏原正成さんの場合

柏原正成さん
36歳・男性
パソコン教室講師

「おそろしい」と思っていたトレーニングができた

「1日5食はいける」と豪語し、朝はカレーに昼食はパスタ、夕食を普通に食べたあとも夜中にコンビニで買い食いしていた柏原さん。速トレスタートにあたり、まずは「パスタ、カレーは週2回」「間食禁止」「夜の炭水化物は週3回」を約束してもらいましたが、「マイ製麺機」を持っているほど麺好きの柏原さんにとって、この食事制限はかなりの努力を要したようです。特につらかったのが夜中の空腹感。出張が多い柏原さんは、ホテルの朝食ブッフェを楽しみに、なんとか我慢。そのおかげで朝食をしっかりとることにもなり、昼食は大豆性栄養食品やうどんなど、軽めのもので済ますことができました。

特に運動経験がない柏原さんは、今回がほぼ初めてのトレーニング。最初は初速に6～7分ほどかかり、スクワットは20回でふらふらに。途中で「へたって寝てしまい、朝目覚めたらトレーニングの姿勢のままだった」ということも。それでも、5、6回目くらいからは、「体力がついたのか」、自然と5分を切れるように。

そして2ヵ月でウエスト13・5cm減、体重11・5kg減を実現。週に一度は破れていたズボンが破れなくなり、「修理屋のおばちゃんから『なんで来ないの？』と言われた」そう。はじめは「おそろしい」と思っていたトレーニングも、「気がつかないうちにできるようになってくると、自信になる」と話す柏原さん。日々の仕事にも「キレ」が出て、毎日楽しくなってきたそうです。

［DATA］

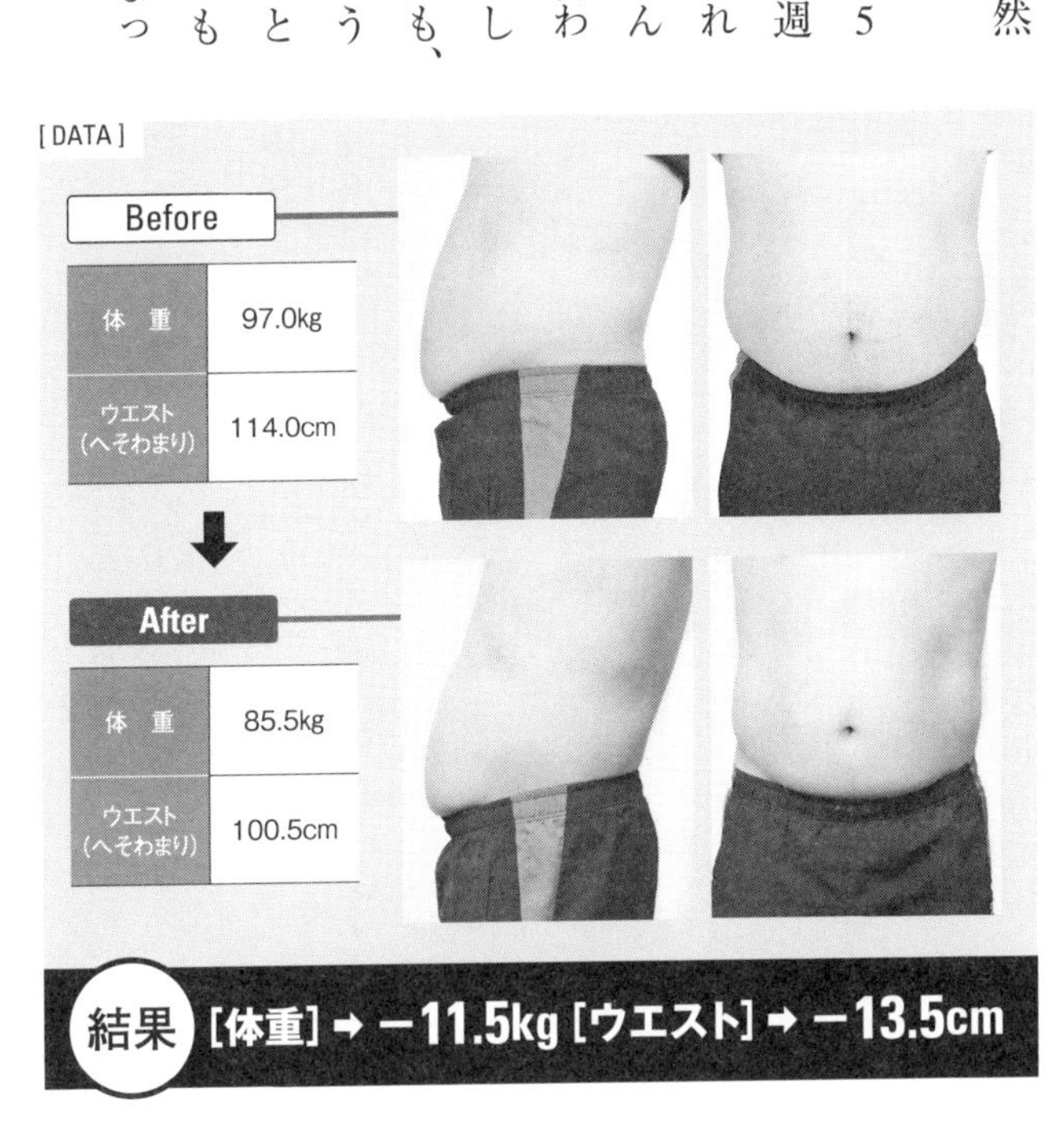
Before
After

Before

体重	97.0kg
ウエスト（へそわまり）	114.0cm

After

体重	85.5kg
ウエスト（へそわまり）	100.5cm

結果［体重］➡ −11.5kg［ウエスト］➡ −13.5cm

CASE 6

周囲に20kg減を宣言して「有言実行」 秋月俊一さんの場合

秋月俊一さん
40歳・男性
広告代理店勤務

「目標通りに実行できる」と、仕事上の評価もアップ

ほぼ毎日、接待で会食があるという秋月さんは、日々更新している食ブログが人気ランキング上位に入るほど食べることが大好き。週末など、しっかり3食を食べて、夕方にデザート、夜11時にもう1食というほど。お酒は飲みませんが、料理は基本的に大盛りで、ステーキなら500gをペロリ。

20代の頃は60kg台半ばをキープしていたこともあって、「いつでも簡単にやせられる」と思っていた秋月さん。でも、30代から増えはじめた体重が90kgに到達するに至り、思い切って20kgの減量を目指そうと、速トレにチャレンジすることになりました。

はじめるにあたって秋月さんは、「有言実行キャラになりたい」と周囲に「20kg減量」を宣言。強い意気込みで臨みました。

食事制限は、「炭水化物禁止」「夜は食べない」「会食は早い時間に」という内容。お寿司などを食べたときは、翌日の朝食はとらないなど帳尻合わせで調整。トレーニング自体は、もともと運動が嫌いでない秋月さんには、「筋肉痛は半端じゃなかった」ものの、慣れてからはさほど苦にはならなかったと言います。

結果は2ヵ月で12・5kg減。おかげで「リアルにモテてます。〝ギャップ萌え〟ですよね、これ」と秋月さん。また、「目標を立てたら実行するヤツ」という評価につながり、仕事でも新規案件が回ってきた、とのことです。

[DATA]

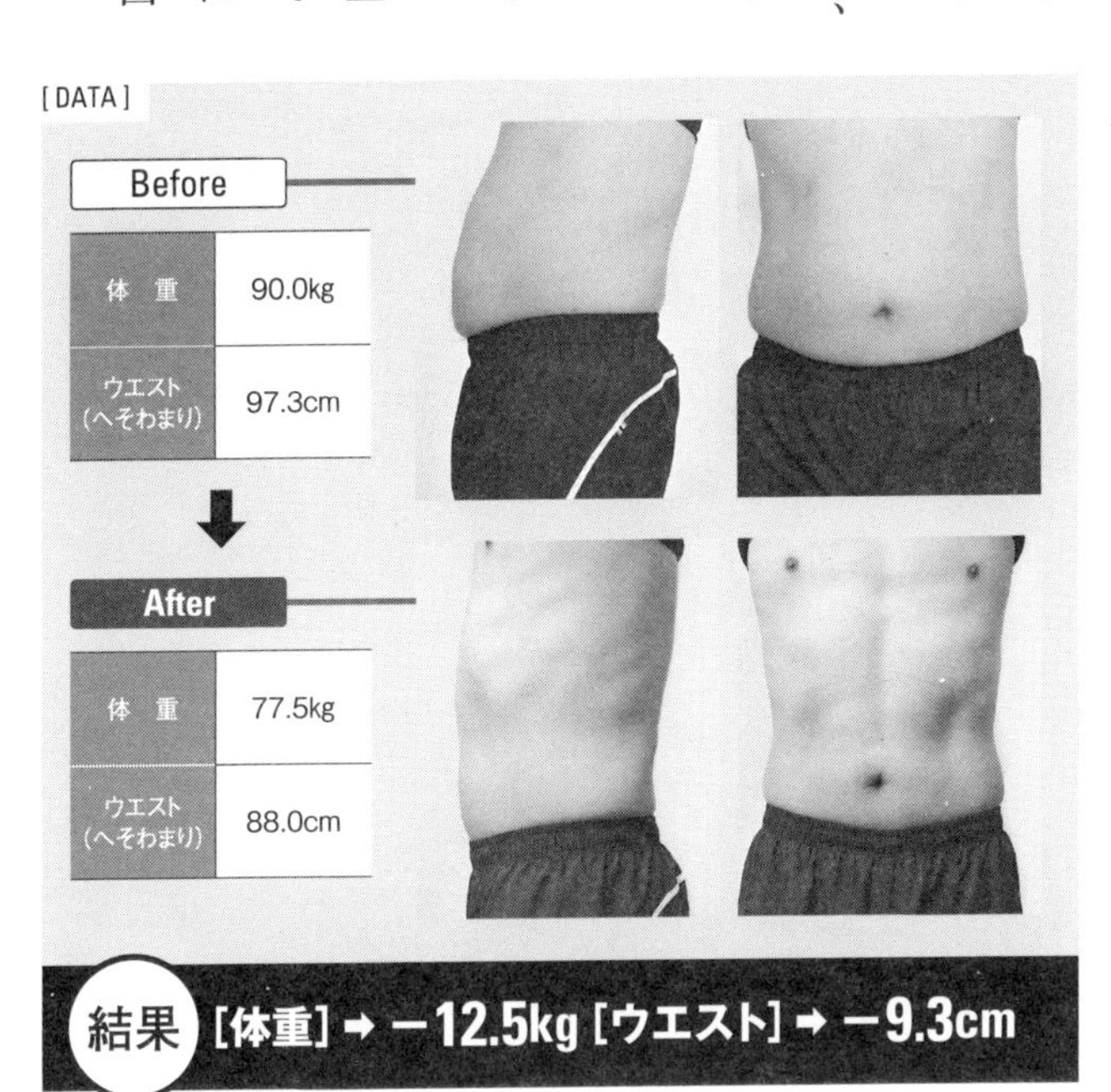
Before
体重
90.0kg
ウエスト（へそまわり）
97.3cm
After
体重
77.5kg
ウエスト（へそまわり）
88.0cm
結果
[体重]➡−12.5kg [ウエスト]➡−9.3cm

おわりに～体型が変われば、気持ちも変わる

私が初めてボディメイクのお手伝いをしたのは40代後半の女性でした。

まったくと言っていいほど運動のできない方でしたが、週1回のトレーニングを続けた結果、見事に希望通りの体型に変わられました。

そのとき、感謝の言葉とともに、こんな話をしていただきました。

「カラダづくりだけでなく、ほかのことにも前向きになった気がする。考え方もすごくシンプルになった」

ボディメイクに成功したことで、仕事のことも含めて、「あまり悩まなくなった」とのことでした。

思うに、その女性はダイエットとトレーニングを続けていくなかで、何事においても「自分の基準」をつくることができたのでしょう。トレーニングの成果が徐々に表れるにつれて、自信が持てるようになったということも影響していたかもしれません。

「人は体型の変化とともに、心の持ちようまで変わっていくものなのだ！」

彼女の変化を目の当たりにした私は、強く心に刻みました。

振り返ると、この体験がその後の私を決定づけた気がします。

事実、私のサポートによってボディラインが変化した人は、例外なく笑顔を見せてくれます。その笑顔を、カラダが変わったことで何事にも前向きになれた人々の笑顔を見たいがために、私はこの仕事を続けていると言っても過言ではありません。

「速トレ」に運動能力の有無、優劣は関係ありません。年齢も、性別も、関係ありません。誰でも、やればやった分だけの効果が、確実にあなたのカラダに表れます。努力が裏切られることはありません。努力すればするほど、それは目に見える成果となって返ってくるのです。

そうして自分の理想の体型を手に入れたとき、きっとあなたは気づくことでしょう。

自分自身の内面にも、変化が現れていることに……。

比嘉一雄

■著者

比嘉 一雄（ひが かずお）

CALADA LAB.代表取締役。1983年福岡県生まれ。早稲田大学スポーツ科学部卒業後、東京大学大学院に進学。「研究」と「現場」の双方を実践するハイブリッドトレーナーとして活動を開始し、科学的エビデンスを基にした「えびすメソッド」で多くのクライアントをダイエットの成功に導いた。夢は世の中から10トンの脂肪を消滅させること。ミッションは「世の中のボディメイクの考えをシンプルにしていく」こと。月間150本以上のパーソナルセッションをこなしながら、さまざまな執筆活動やセミナー活動を行う。主な著書に『自重筋トレ 100の基本』（枻出版社）、『仕事でモテる男はなぜ、体を鍛えているのか?』（かんき出版）ほか多数。

■STAFF

[栄養アドバイザー] 石垣小百合　[執筆協力] 藤田健児　[デザイン] BUENO design
[イラスト] 丸口洋平　[DTP] 明昌堂　[編集・制作] 千葉慶博（ケイ・ライターズクラブ）
[撮影] 蔦野裕、神谷渚

速（そく）トレ
「速い筋トレ」なら最速でやせる!

●協定により検印省略
著　者　比嘉一雄
発行者　池田　豊
印刷所　凸版印刷株式会社
製本所　凸版印刷株式会社
発行所　株式会社池田書店
〒162-0851　東京都新宿区弁天町43番地
電話03-3267-6821（代）／振替00120-9-60072
落丁・乱丁はおとりかえいたします。

ISBN978-4-262-16630-8

1502008